Cognac

ECON Gourmet Bibliothek

Horst Dohm

Cognac

ETB
ECON Taschenbuch Verlag

Bildnachweis:
Johannes Sussbauer, Realisation: Ludwig Kaiser, München;
IP Informationen/Public Relations Dr. Reiner Schulze van Loon, Hamburg.

Der Verlag dankt der Firma Alofs Dallmayr, München,
für die freundliche Mithilfe bei der Realisierung des Bildteils.

CIP-Titelaufnahme der Deutschen Bibliothek
Dohm, Horst:
Cognac / Horst Dohm. [Hrsg. von Hans-Peter Wodarz]. –
Orig.-Ausg. – Düsseldorf: ECON Taschenbuch Verl., 1990
(ETB 24028: ECON Gourmet Bibliothek)
ISBN 3-612-24028-5
NE: GT

Originalausgabe
©ECON Taschenbuch Verlag GmbH, Düsseldorf
Juni 1990
Umschlaggestaltung: Ludwig Kaiser
Titelfoto: Johannes Sussbauer c/o Studio Ludwig Kaiser
Rückseitenfoto: Axel Ruske
Lektorat/Konzeption: Dr. Peter Lempert
Die Ratschläge in diesem Buch sind von Autor und Verlag
sorgfältig erwogen und geprüft, dennoch kann eine Garantie
nicht übernommen werden. Eine Haftung des Autors bzw. des
Verlags und seiner Beauftragten für Personen-, Sach- und
Vermögensschäden ist ausgeschlossen.
Satz: Dörlemann-Satz, Lemförde
Druck und Bindearbeiten: Ebner Ulm
Printed in Germany
ISBN 3-612-24028-5

Inhalt

Hans-Peter Wodarz über Cognac   9

Kleine Cognac-Geschichte   11

Der Weinbau –
segensvolle Gabe der römischen Eroberer   11
Florierender Handel   12
Weinbrennerei in der Charente nicht vor 1600   13
Zunächst nur »Lebenswasser« der kleinen Leute   14
Verstärkte Hinwendung zur eau-de-vie-Produktion   15
Eau-de-vie de Cognac –
seit dem 17. Jahrhundert Qualitätsprodukt   17
Eau-de-vie de Cognac wird Spekulationsobjekt   18
Entdeckung der qualitätsfördernden Faßlagerung   19
Der echte Cognac ist geboren   20
Aus Spekulanten entwickeln sich die Cognac-Häuser   21
Erster Cognac-Boom Mitte des 19. Jahrhunderts   22
Vertraglicher Herkunfts- und Bezeichnungsschutz
für Cognac   23
Zweiter Cognac-Boom nach dem Zweiten Weltkrieg   24

Land & Leute, Klima & Reben 25

Die Stadt Cognac und die Charente 25
Die Charentais: ein verschlossener Menschentyp 26
Das Weinbaugebiet 27
Großes Plus: das gemäßigte Klima 30
Rebsortenvielfalt mit Ugni blanc als Monopolist 30

Vom Wein zum Cognac: die Herstellung 33

Destillationszeitraum: November bis März 34
Alambic charentais – die Charentaiser Brennblase 35
Zwei Brennvorgänge – ein »Herzstück« 38
Cognac – »niedrig abgetrieben« 40
Eigene Brennwege: Oléron & Ré 40
Mindestens zweijährige Lagerung in Eichenfässern 41
Durstige Engel – hoher Verdunstungsanteil 44
Lagerung in alten oder neuen Eichenfässern? 45
Mariage – Mischung verschiedener Cognacs 46
Verdünnung auf Trinkstärke 47
Zusatzstoffe: Karamel, Zuckersirup & Co. 48

Die Crus – von grande champagne bis bois ordinaires 52

Zwei Hauptgebiete: champagne und bois 52
Keine Sechs-Klassen-Gesellschaft 56
Etikettensprache: fine champagne,
grande fine champagne & petite fine champagne 57

Von Sternen und Extras: die Cognac-Altersangaben 59

Längste Faßlagerzeit: 40 bis 50 Jahre 59
Kein Reifeprozeß mehr nach Flaschenabfüllung 60
Keine Altersangaben in Zahlen 61
Die »Konten« – compte 00 bis compte 6 61
Mindestalter: zwei Jahre 62
Bei Altersangaben Bezug auf jüngsten Blend-Cognac 63
Altersskala nach oben offen 64
Die gebräuchlichsten Altersangaben:
V.S.O.P., X.O., Napoléon & Co. 64
Vintage Cognac – eine britische Spezialität 66

Das richtige Cognac-Glas und andere Empfehlungen 69

Fauxpas mal zwei: erwärmtes Ballonglas 69
Das ideale Cognac-Glas ähnelt dem Sherry-Glas 70
Optimale Trinktemperatur 71
Richtige Aufbewahrung der Cognac-Flasche 72
Qualitätsprüfung: Farbe und Bukett 74
Medizinisch-therapeutische Wirkungen umstritten 75
Trinkanlässe und Trinkgewohnheiten 77

Cognac – Märkte und Zahlen 79

Cognac – Frankreichs Lebens- und
Genußmittelexportgut Nr. 1 79

Die Cognac-Anbieter 81
Cognac-Wirtschaft – nicht nur glanzvolle Zeiten 81
Marktsättigung auf traditionellen Märkten 85
Neuer Cognac-Markt: Asien 86
Top-Cognac-Importeur USA 87
Die Zukunft gehört den Spitzen-Cognacs 87
Deutscher Cognac-Markt:
Qualität auf dem Vormarsch 89
Das Bureau National Interprofessionnel du Cognac 91

Cognac-Häuser und Cognac-Marken 94

Otard 94
Rémy Martin 95
Bisquit 96
A. E. Dor 96
Gaston de Lagrange 97
Delamain 97
Hine 98
Courvoisier 99
Martell 99
Hennessy 100
Prince Hubert de Polignac 101
Camus 101
Louis Royer 102
Ragnaud-Sabourin 102
Monnet 103
Salignac 103
Frapin 104
Léopold Gourmel 104

Glossar 106

HANS-PETER WODARZ

über

Cognac

Nein, er wolle keinen trübseligen sozialistischen Schnaps, er bleibe lieber beim dekadenten französischen Cognac, sagte der kluge Moskauer Polizist Arkadi Renko in dem Bestseller »Gorki Park«. Er tat recht daran. Nicht nur in Rußland wird Cognac fast jedem anderen gebrannten Wein vorgezogen.

Cognac ist etwas ganz Besonderes in der kulinarischen Welt, sein Name klingt von allein. Alle Welt würde ihren Weinbrand gern COGNAC nennen, wenn sie dürfte. Die große Zahl der Kopien ist ein Maßstab für einen unvergleichlichen Erfolg. COGNAC ist zur Bezeichnung für eine ganze Klasse von Spirituosen geworden, so wie der CHAMPAGNER stellvertretend für alle guten Schaumweine steht. Beide bezeichnen aber auch Stimmungen: der Champagner jegliche Ausgelassenheit, der Cognac die Gelassenheit.

Es ist eine große Kunst, aus den mageren Ausgangsweinen die Eigenschaften herauszuschmecken, die den fertigen Cognac später auszeichnen werden. Vor den Degustateuren und Brennmeistern ziehe ich deshalb meinen (Koch-)Hut.

Während der Faßlagerung, die dem Cognac Reife verleiht, aber auch seine Weichheit und Farbe, löst sich ein Teil des Destillats buchstäblich in Luft auf. Er wird etwas poetisch »der Anteil der Engel« genannt. Das muß in Kauf nehmen, wer guten Brand herstellen will. Und je länger der Stoff lagert, desto durstiger werden die Engel. Ätherische Stoffe sind nun einmal flüchtig, sonst wären sie nicht so zart vergeistigt und nur halb so köstlich.

Cognac trinkt man bei Tisch ganz zum Schluß, nie als Magenputzer. Mit dem Cognac wird das Gespräch wieder eingefangen, das nach dem Dessert auseinandergelaufen war. Der Cognac ist gewissermaßen eine gesellschaftliche Veranstaltung. Er konzentriert die Sinne zum Abschluß eines guten Abends ebenso wie er als dunkelgoldfarbenes Getränk das Licht des Raumes bündelt.

So empfindet es der Europäer, und er pflegt dieses Verhalten. Unglaubwürdig erscheint ihm die Tatsache, daß in asiatischen Regionen – wie ich es in Hongkong und Manila erlebte – der Cognac mit Eis und Wasser serviert wird. Er wird zum »Longdrink«, der das fernöstliche Mahl durchgehend begleitet. Andere Länder, andere Küchen und somit auch andere Trinksitten, die selbstverständlich auch ihren Reiz haben. In Verbindung mit der fernöstlichen Küche gibt es auch hierzulande Bestrebungen, den bisher »eisig« abgelehnten Cognac-Genuß aufzuheben. Die Zukunft wird zeigen, ob Europa diesen anderen Geschmack gelten läßt.

In der »Ente vom Lehel« wird noch die alte Cognac-Tradition gepflegt. Die Geister scheiden sich lediglich an der Form des Glases: dem einen kann der Schwenker nicht bauchig und hoch genug sein, den anderen überzeugt nur ein ziemlich schlank zur Nase hin führendes klassisch französisches Degustationsglas. Einigkeit besteht im Inhalt: zimmerwarm, weich und ätherisch – und alt darf er sein.

Kleine
Cognac-Geschichte

Als die Römer kamen, zu Cäsars Zeiten, war das Land keinesfalls wüst und leer. Der Südwesten Frankreichs war ein blühender Garten. Die keltischen Stämme, die sich hier – in den heutigen Departements Charente und Charente Maritime – niedergelassen hatten, wucherten geschickt mit dem Reichtum der Erde. Das Getreide aus dieser Region, vor allem der Weizen, wurden weithin gerühmt. Nur eines durften die Einwohner nicht: Wein anbauen. Die keltischen Priester hatten den Weinbau verboten.

Der Weinbau –
segensvolle Gabe der römischen Eroberer

Mit dem Einzug der Römer in dieses Land keimt ein neuer Geist. Der Weinbau wird nun nicht nur erlaubt, die neuen Machthaber fördern die Weinkultur nach Kräften. Denn sie erkennen bald, daß sich der Rebstock auf den sanften Hügeln der Charente – der lieblichen Landschaft, benannt nach dem gleichnamigen stillen Fluß – außerordentlich wohl fühlt. Das Klima ist für den Weinbau wie geschaffen, es ist eher maritim mild, ohne extreme Schwankungen, als kontinental streng. Und noch etwas bringen die römischen Herren aus ihrer Heimat mit: die Kunst der Salzgewinnung aus dem Meer. Sie übertragen die Technik, die sie am Mittelmeer entwickelt haben, erfolgreich auf das besetzte gallische Land, das im Westen an den Atlantik grenzt – mit den beiden Inseln Oléron und Ré.

So ist der Südwesten, die Region der späteren drei Provinzen Aunis, Saintogne und Angoumois, wirtschaftlich mehrfach abgesichert. Der Handel mit Getreide, Wein und Salz nimmt immer größere Ausmaße an, wobei die günstige Lage des Landes zu den großen Handelswegen den gewinnbringenden Warenaustausch zusätzlich begünstigt. Bis hoch in den Norden, bis nach Skandinavien, werden Salz und Wein geliefert.

Florierender Handel

Die Exportchancen der Provinzen Aunis, Saintogne und Angoumois verbessern sich weiter, als die Hanse und das Baltikum an Bedeutung gewinnen. Zusätzliche Impulse erhält der Handel, als England für das Salz, vor allem dann aber für den Wein, aus der Charente gewonnen werden kann – wobei ein Zufall den Handeltreibenden von der Charente zu Hilfe kommt: Eleonore von Aquitanien heiratet im Jahr 1152 Heinrich von Anjou, der 1154 König Heinrich II. von England wird. Eleonore macht die Engländer nun mit den Gebräuchen ihrer Heimat bekannt, sie fördert die Kultur und pflegt einen glanzvollen Hof. Die Handelsbeziehungen zwischen England und Frankreich beleben und vertiefen sich, den Händlern von La Rochelle werden in England – mit Ausnahme von London – Handelsprivilegien gewährt.

Längst bevor also der Cognac, das spätere Edelprodukt von internationalem Rang, für die Charente bestimmend wird, ist die Region als leistungsfähiger Handelspartner schon weithin bekannt. Chronisten wagen sogar die Behauptung, daß der schnelle Erfolg des gebrannten Weins aus der Cognac-Region ohne den regen Handel der vorausgegangenen Jahrhunderte, ohne die gut entwickelten Handelswege zum Norden und nach England, vermutlich nicht möglich gewesen wäre.

Weinbrennerei in der Charente nicht vor 1600

Wann in der Charente die Weinbrennerei ihren Anfang genommen hat, läßt sich zwar auf den Tag genau nicht bestimmen, doch scheinen sich die Historiker darüber einig zu sein, daß vor dem Jahr 1600 in der Charente noch nicht destilliert worden ist. Jedenfalls, heißt es dazu in der Literatur, sei bisher kein Dokument entdeckt worden, das auf die Weinbrennerei in dieser Region vor dieser Zeit schließen ließe.

Bekannt ist die Gewinnung von Alkohol aus Wein in Frankreich allerdings längst; schon 1313 beschreibt der ehemalige Leibarzt des Königs von Aragon und spätere Regent der Fakultät von Montpellier, Arnaud de Villeneuve, diesen gebrannten Wein: Man könne aus Wein einen »Likör« erzeugen, von anderer Farbe und anderem Geschmack als der Wein – ein Getränk, das der Verlängerung des Lebens dienen könne. Wasser des Lebens, eau-de-vie, heißt von nun an dieses Produkt.

Zunächst wird das »Lebenswasser« nur von Apothekern verkauft; es gilt als Medikament. Bald aber entdecken findige Leute, daß sich eau-de-vie durchaus auch als Genuß- und Rauschmittel konsumieren läßt. In reiner Form allerdings scheint es kaum jemand genießen zu können; die Herstellungsmethode ist so unvollkommen, daß üble Geruchs- und Geschmacksstoffe den Spaß am eau-de-vie verderben. Der Alkohol wird mit Kräutern daher geschmacklich verbessert, vorwiegend mit Nelken, Anis und Wacholder und als »Likör« verkauft.

Die handwerkliche Kunst des Destillierens besteht zunächst also nicht in der Herstellung eines einwandfreien Produkts, sondern vielmehr darin, den unangenehmen Geschmack durch die richtige Auswahl und Kombination von Pflanzenaromen zu überdecken. Diese Kunst übernehmen die Franzosen von den Italienern, die mit der Aromatisierung von Destillaten schon reichlich Erfahrung gesammelt haben.

Zunächst nur »Lebenswasser« der kleinen Leute

Die ersten, die sich an den Genuß des »Lebenswassers« wagen, sind vor allem Leute aus den ärmeren Schichten. Doch in dem Maße, wie der Geschmack des eau-de-vie verbessert wird, finden auch die wohlhabenden Kreise an diesem Getränk Gefallen. Selbst der Sonnenkönig Ludwig XIV., wird berichtet, habe sich vom eau-de-vie der armen Leute nicht schrecken lassen.

Und es fehlt auch nicht an Versuchen, das Produkt zu verbessern. So kommt ein Ingenieur namens Adam im 18. Jahrhundert auf die Idee, eau-de-vie zu rektifizieren, d. h. ein zweites Mal zu destillieren, um das »Lebenswasser« von unangenehmen Geruchs- und Geschmacksstoffen zu reinigen. Die Versuche sind zwar erfolgreich, doch am Ende bleibt auch dieses Ergebnis unbefriedigend; denn mit den störenden Geruchs- und Geschmacksstoffen verschwinden auch die Aromastoffe, die als Geschmacksgeber eigentlich erhalten werden sollen. Die Sache wird nun zum Paradoxon: Wieder wird das eau-de-vie mit Kräutern angereichert – doch diesmal nicht zur Vertuschung unangenehmer Begleitstoffe, sondern allein zu dem Zweck, dem neutral wirkenden »Lebenswasser« überhaupt wieder Geschmack zu geben.

All diese Schwierigkeiten sind offenbar der Grund dafür, daß sich die Einwohner in der Charente nicht für das Destillieren von Wein erwärmen lassen. Doch sie bemängeln nicht nur die geschmacklichen Unzulänglichkeiten des eau-de-vie, sie fürchten auch einen Verlust an kulturellem Niveau. Sie wollen dem Wein treu bleiben – jenem alten Genußmittel, das sie lieben und das dem milden Klima, in dem sie leben, angemessen ist.

Verstärkte Hinwendung zur eau-de-vie-Produktion

Doch es kommt anders. Plötzlich stockt der Handel, wirtschaftliche Schwierigkeiten bedrohen die Existenz der Charentais. Ein ganzes Bündel von Ursachen setzt der Prosperität in wenigen Jahren ein Ende. Zum einen beeinträchtigen die Religionskriege die Produktion und den Warenaustausch, zum anderen wird der Wein durch hohe Steuern und interne Abgaben belastet. Hier macht sich vor allem die Transporttaxe bemerkbar, die für den Transport des Weins auf dem Fluß bis zum Meer erhoben wird. Außerdem verliert das Salz als Handelsware für die Charente an Bedeutung, da Portugal gelernt hat, Salz aus dem Meer zu niedrigeren Kosten zu gewinnen. Dem neuen Konkurrenten Portugal sind die Charentais im Salzhandel nicht mehr gewachsen.

Aber noch etwas kommt hinzu. Neue Seewege werden entdeckt, die Transportzeiten werden länger. Der Wein aus der Charente, der oft die Reisenden als Kraftspender begleitet hat, scheint den Strapazen durch heiße Klimazonen nicht gewachsen. Die Nachfrage stockt. Den Transport nach Holland oder England verträgt er gut, doch weiteren Strecken – z.B. zu den Gewürzländern, über die neue Seeroute um das Kap der guten Hoffnung – hält er nicht stand. Der leichte Wein aus der Charente kommt ins Gerede. Die Schwierigkeiten werden schließlich so groß, daß sich die Not 1636 in einem Aufstand Luft macht, in der sogenannten révolte des croquants.

Später ist mehrfach darüber diskutiert worden, ob der Wein aus der Charente tatsächlich nur wegen seiner Transportempfindlichkeit nicht mehr so begehrt gewesen ist oder ob der Rückgang der Nachfrage eigentlich nicht auf andere Gründe zurückzuführen ist. Einige haben neue, weniger gute Rebsorten für die Absatzschwäche verantwortlich machen wollen, andere wiederum sehen des Rätsels Lösung in einer Erklärung, die vermutlich der Wahrheit am nächsten kommt: Der Charakter und die Art des Weins

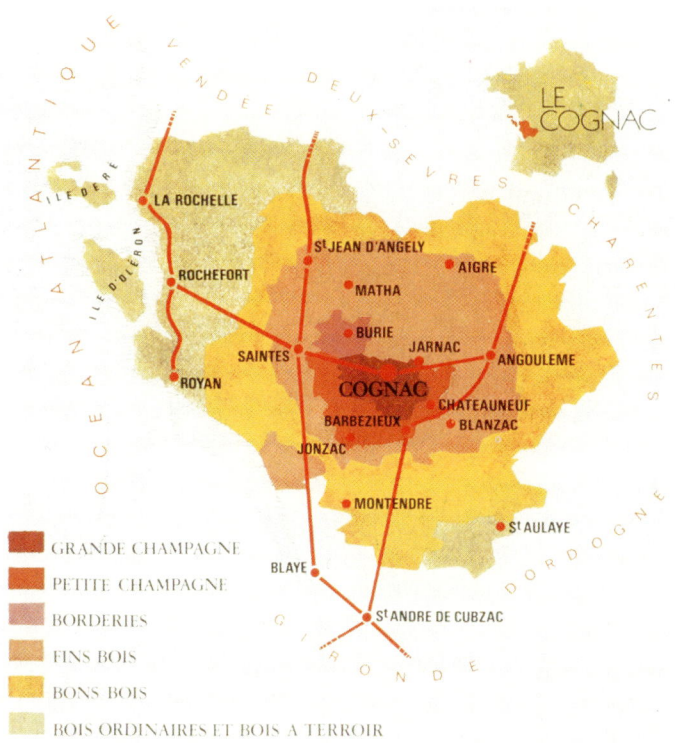

*Das Cognac-Weinbaugebiet ist in sechs Regionen unterteilt –
entsprechend den unterschiedlichen Böden und
kleinklimatischen Verhältnissen. Die einzelnen »Crus« prägen
den Charakter des Cognacs – Aroma, Geschmack und
Alterungseigenschaften sind jeweils verschieden.*

*Die Menschen der Charente sind verschlossen, sie neigen
dazu, sich abzukapseln. Und doch sind sie
in der Lage, ihren Hang zur Eigenbrötelei mit feinem Humor
und offener Herzlichkeit zu verbinden.*

aus der Charente hätten sich keinesfalls geändert. Auch sei in der Zusammensetzung der Rebsorten nichts Wesentliches geschehen – jedenfalls nichts, was die Transportfähigkeit plötzlich beeinträchtigt hätte. Aber neue Weinbaugebiete seien bekannt geworden, die Weine von erheblich besserer Qualität geliefert hätten, wobei vor allem das Bordelais genannt wird. Die Weinfreunde hätten plötzlich gemerkt, daß die Erzeugnisse aus der Charente allenfalls von mittelmäßiger Güte gewesen seien. Allein aus diesem Grund sei die Nachfrage nach Charente-Weinen stark gefallen, nicht etwa wegen neuer Sorten oder wegen der Unfähigkeit zum langen Transport. Die Weine aus der Charente seien nie große Weine gewesen, doch nun hätten es die Konsumenten – durch den Vergleich mit besseren Weinen aus anderen Regionen und Ländern – gemerkt.

Welche Gründe auch immer den Ausschlag für die Absatzmisere gegeben haben: Einige Charentais haben offenbar rechtzeitig gespürt, daß mit ihrem Wein auf den Märkten kein großer Staat mehr zu machen ist. Sie versuchen daher, den Wein zu destillieren und Anschluß an den Markt der eau-de-vie zu gewinnen. Die Versuche sind ermutigend, zumal sich bald zeigt, daß eau-de-vie aus der Charente von weitaus besserer Qualität ist als die »Lebenswasser« aus den anderen Regionen Frankreichs.

Eau-de-vie de Cognac – seit dem 17. Jahrhundert Qualitätsprodukt

Zuerst haben die Engländer deutlich zwischen eau-de-vie de Cognac und anderen französischen Bränden unterschieden, gegen Ende des 17. Jahrhunderts wird dann auch in Frankreich die herausragende Qualität des »Lebenswassers« aus Cognac, das sich nun zum Zentrum des eau-de-vie in dieser Region entwickelt, uneingeschränkt anerkannt.

Mit »Cognac« hat das, was nun aus Cognac kommt, allerdings noch nichts zu tun. Es handelt sich nach wie vor um einen schlichten eau-de-vie, um einen gebrannten Wein, der aber schon erkennen läßt, daß in dem gebrannten Wein aus dieser Region ein besonderes Qualitätspotential steckt. Die Abnehmer schätzen die Besonderheit dieses Produktes; eau-de-vie aus der Charente, nun immer häufiger die Cognac-Region genannt, erobert die Märkte.

Am Ende des 17. Jahrhunderts hat sich das »Lebenswasser« aus Cognac von den übrigen französischen eau-de-vie endgültig abgesetzt. Das Produkt wird in großen Mengen ins Ausland verkauft, vorwiegend nach Holland und nach England (wo es, mit Wasser vermischt, als eine Art Familiengetränk konsumiert wird), nach Skandinavien und Kanada, nach Louisiana und Santo Domingo. Im ersten Drittel des 18. Jahrhunderts ist eau-de-vie de Cognac, noch immer kein »Cognac« im späteren Sinne, schon so begehrt, daß allein vom Hafen La Rochelle aus jährlich rund 27 000 Fässer verschifft werden.

Eau-de-vie de Cognac wird Spekulationsobjekt

Der gute Ruf, den das »Lebenswasser« aus der Charente genießt, mobilisiert eine Gruppe von Leuten, die stets aktiv wird, wenn besondere Gewinne zu erhoffen sind: die Spekulanten. Eau-de-vie de Cognac wird zum Spekulationsobjekt. Die Brände werden von finanzstarken Leuten auf Lager genommen, um in Jahren mit knapper Ernte und entsprechend steigenden Preisen von der Teuerung profitieren zu können. Wenn eau-de-vie billig ist (nach guten Ernten), kaufen die Spekulanten große Mengen bei den Destillateuren auf, wird das Produkt knapp, wird der gebrannte Wein gewinnbringend dem Markt zurückgegeben.

Entdeckung der qualitätsfördernden Faßlagerung

Die Spekulation, die etwa gegen 1730 einsetzt, gebiert einen Nebeneffekt, der für die Entstehung des späteren Edelproduktes »Cognac« von entscheidender Bedeutung wird: die Verbesserung der Qualität durch die Lagerung der jungen Destillate in Holzfässern. Zunächst spielt der Qualitätseffekt keine Rolle; der junge Weinbrand wird jedenfalls nicht zum Zwecke der Veredelung in Fässern aufbewahrt. Einzig und allein die Aufbewahrung von eau-de-vie über einen bestimmten (Spekulations-)Zeitraum ist der Grund für die Verwendung von Fässern.

Doch bald wird erkannt, daß sich eau-de-vie durch die Lagerung im Holzfaß verändert, daß er sich verbessert: Er wird reifer und weicher, er wird geschmackvoller, er nimmt einen warmen Goldton an. Wer als Spekulant über genügend finanzielle Reserven für eine lange Lagerung des eau-de-vie verfügt, ihn also lange im Holzfaß liegen läßt, profitiert von diesem Qualitätseffekt am stärksten. Und da die Abnehmer für diesen »Spekulations-Cognac« auch gutes Geld zahlen, gehen immer mehr Anbieter dazu über, eau-de-vie vor dem Verkauf zu lagern – nun aber nicht mehr allein aus Spekulationsgründen, sondern ganz bewußt zur Verbesserung der Qualität.

Ob sich mit diesem Ablauf der Geschehnisse die folgende Geschichte zum gleichen Thema in Einklang bringen läßt, ist letztlich unerheblich; als Anekdote behält sie ihren Reiz, denn es hätte durchaus so gewesen sein können: 1620 sei dem Chevalier de la Croix Maron, der zurückgezogen auf seinem Landgut La Brée bei Cognac gelebt habe, ein glücklicher Zufall zu Hilfe gekommen. Er habe in einer dunklen Ecke seines weiträumigen Weinkellers ein altes Faß mit Weindestillat entdeckt, das über Jahre hinweg vergessen worden sei. Der Landedelmann habe den alten Tropfen probiert und mit Erstaunen festgestellt, daß der gebrannte Wein nicht schlechter, sondern deutlich besser geworden sei. Ein Brandy von unendlicher Fülle und köstlichem Aroma, ein Getränk von warmer, bernsteingelber Farbe habe seine Sinne entzückt. Der echte Cognac aus Cognac sei geboren gewesen.

Der echte Cognac ist geboren

Dieser echte Cognac aus Cognac macht nun schnell die Runde. Vor allem im Ausland setzt eine so starke Nachfrage ein, daß sich eine Art Vertragssystem zwischen den Ausländern und den Anbietern in Cognac herausbildet. Die Händler kaufen den jungen Weinbrand von den Bauern auf und lassen ihn in ihren Lagerhäusern altern – oft auf Kosten und im Auftrag der Abnehmer. Der Händler gewinnt damit eine entscheidende Position: Er wird nicht nur

Vermittler zwischen dem Produzenten (Bauern) und dem Käufer, er wird nun selbst in die Wertschöpfung als Verantwortlicher für die Reife und Alterung des eau-de-vie de Cognac eingebunden. Die Händler übernehmen zu ihrer ursprünglichen Vermittlungs- und Verkaufsaufgabe noch die Funktion der Veredeler.

Noch einige Zeit repräsentieren sie die Interessen der ausländischen Abnehmer, doch bald – vor allem seit Beginn des 18. Jahrhunderts – steigen sie zu selbständigen, unabhängigen Cognac-Häusern auf. Die Bauern und Winzer, die sich zunächst auch in der Kunst der Holzfaßreife üben, geben diesen Veredelungsschritt allmählich an die Händler ab, da sie nicht über die finanziellen Mittel verfügen. Sie können ihr Kapital nicht so lang im Faß binden wie die Händler, die ihre Position ausbauen und sich zu einer Art Cognac-Bankiers entwickeln.

Aus Spekulanten entwickeln sich die Cognac-Häuser

Mit der Lagerhaltung über längere Zeiträume hinweg – zunächst wegen spekulativer Überlegungen, dann aus Gründen der Qualitätsverbesserung – fällt dem Handel eine weitere Aufgabe zu: er wird zum Preisausgleichsfaktor. D.h., die Händler bemühen sich, ihre Lagerkapazitäten zum Ausgleich stärkerer Preisschwankungen nach oben oder unten zu nutzen – zur Regulierung des Angebot-Nachfrage-Spiels. Drohen nach kleinen Ernten starke Preissteigerungen, geben die Händler größere Mengen aus ihren Lagern frei, fallen die Ernten ergiebig aus, geben die Preise dementsprechend stark nach, nehmen die Handelshäuser zur Stabilisierung des Preises größere Mengen auf Lager.

Die Handelshäuser genießen bald großes Vertrauen, sie gelten als Leute von hoher Moral. Zugleich werden sie als Erzieher der Erzeuger – der Winzer und Destillateure – angesehen, da es (meist) in ihrer Macht liegt, unzureichende Brände zurückzuweisen und die Rohstoffanbieter anzuhalten, zugunsten der Qualität korrekt zu arbeiten. In einer Deklaration der Händler von 1791 wird auf die Bedeutung der Qualität und auf die Rolle, die der Handel in diesem Zusammenhang spielen muß, ausdrücklich hingewiesen.

Das Geschäft mit dem gebrannten Wein aus Cognac, der nun schon deutlich an das klassische Eliteprodukt mit Herkunftsschutz erinnert und generell »Cognac« genannt wird, geht während der Französischen Revolution und in den Jahren danach stark zurück. Vor allem der Handel mit England wird – bedingt durch die Kontinentalsperre – zum Zufallsgeschäft.

Erster Cognac-Boom Mitte des 19. Jahrhunderts

In der Zeit des Empire erholt sich der Cognac-Handel wieder, von 1840 bis 1872 erlebt er eine große Blüte. Zu diesem Aufschwung verhilft den Cognac-Häusern unter anderem der Handelsvertrag, den der große Cognac-Liebhaber Napoleon III. 1860 mit Großbritannien schließt; Cognac wird von Zöllen befreit, der Export nach England steigt sprunghaft. Kurz nach dem Deutsch-Französischen Krieg von 1870/71 erreicht die Cognac-Produktion ein Volumen von umgerechnet 170 Millionen Flaschen.

Dann kommt die Reblaus. Der Schädling, der aus Amerika eingeschleppt wurde, zerstört zwischen 1880 und 1890 nahezu alle Reben. Der Handel geht stark zurück, bricht aber nicht vollständig zusammen, da die großen Cognac-Häuser in den Jahren zuvor beachtliche Lagerbestände angehäuft hatten.

Vertraglicher Herkunfts- und Bezeichnungsschutz für Cognac

Neuen Auftrieb erhält die Region, als nach dem Ende des Ersten Weltkriegs durch den Versailler Vertrag (Artikel 274 und 275) und durch das Madrider Abkommen 1925 das Wort »Cognac« (ebenso wie der Begriff »Champagner«) allein dem französischen Ursprungsgebiet zugesprochen und in seiner Herkunft geschützt wird. Im Laufe der folgenden Jahre erkennen alle Erzeugerländer in der Welt den vertraglich vereinbarten Schutz für »Cognac« und »Champagner« an: Nur die Produkte, die aus den Ursprungsgebieten stammen, also aus Cognac und der Champagne, dürfen fürderhin als »Cognac« und »Champagner« bezeichnet werden.

Einige deutsche Weinbrenner sind schon vorher bereit gewesen, auf den Begriff »Cognac« oder »Kognak« für die Benennung ihrer Weinbrände zu verzichten. Das Haus Asbach ist hier beispielgebend. Schon 1907 hatte sich Hugo Asbach dazu entschlossen, von der Bezeichnung »Cognac« abzugehen und sein Erzeugnis »Weinbrand« zu nennen. In diesem Jahr ließ er die Marke »Asbach Uralt« als »Weinbrand« eintragen.

Zweiter Cognac-Boom nach dem Zweiten Weltkrieg

Eine große Zeit für den Cognac setzt ein, als sich nach dem Zweiten Weltkrieg die politischen und die kommerziellen Verhältnisse normalisieren. Die Nachfrage in aller Welt steigt, 1972 erreicht der Absatz einen vorläufigen Nachkriegsrekord mit rund 114 Millionen Flaschen. Der große Erfolg verleitet die Winzer und Handelshäuser dazu, die Produktion auszuweiten: Neue Weinberge werden angelegt und die Erträge je Hektar gesteigert.

Doch man beurteilt die Zukunft zu optimistisch, wenn auch die enorme Nachfragesteigerung im Fernen Osten neue Hoffnung gibt. Der Absatz wächst nicht mehr, er geht sogar bis Ende der 70er Jahre zurück. Dann erholt sich der Markt. Der bisherige Nachkriegshöhepunkt von 1972 wird 1979 zum ersten Mal überschritten; 1988 erreicht dann der Absatz nahezu 168 Millionen Flaschen (einschließlich des Cognacs, der nicht direkt getrunken, sondern weiterverarbeitet wird: Pineau des Charentes, Liköre, Früchte in Cognac).

Der Cognac ist keine Erfindung, kein Produkt einer plötzlichen Idee. Er ist vielmehr das Ergebnis einer Reihe von Zufällen. Im 18. Jahrhundert, als Spekulanten die Vorzüge der Holzfaßlagerung entdecken, gewinnt der eau-de-vie aus Cognac seinen heutigen Charakter: als ein gebrannter Wein, der durch mehrjährige Lagerung in Eichenfässern Farbe, Reife und Harmonie gewinnt.

Land & Leute, Klima & Reben

Die Stadt Cognac ist eine alte Siedlung. Ihre Geschichte reicht bis in das 3. Jahrhundert vor der Zeitrechnung zurück. Die Herkunft der verschiedenen Stämme, die in dieser Gegend gewohnt haben, ist bis heute zwar noch nicht erforscht, doch ist der Ursprung des Namens Cognac bekannt: Er wird von »comniacum«, vom Namen eines gallischen Stammeshäuptlings, abgeleitet.

Die Stadt Cognac und die Charente

Als schön kann man die Stadt Cognac nur bedingt bezeichnen. Sie ist eng, sie ist laut. Alte Bausubstanz in den kleinen Straßen wechselt sich mit Zeugnissen neuer, meist wenig gelungener Zweckarchitektur ab. Allerdings sind entlang des Flusses idyllische Passagen zu finden, die der Stadt dann doch Anmut und Reiz verleihen.

Daß viele Häuser und Lagerhallen rußig-schwarz aussehen, ruft den Eindruck des Ungepflegten hervor, ist letztlich aber ein Zeichen für Aktivität und Wohlstand – ein Beweis für die Existenz des berühmten Produktes, von dem die Stadt und die Region leben. Denn die schwarzen Fassaden zeigen an, daß hinter den Mauern Cognac gelagert wird. Cognac verdunstet, und im Zusammenspiel mit dem Salpeter in den Mauersteinen entsteht durch den Alkoholdunst ein reicher Nährboden für einen speziellen Pilz, für *torula cognacensis,* der die Mauern und Dächer der chais, der hier ebenerdig liegenden Lagerhallen, schwärzt.

Die Charentais: ein verschlossener Menschentyp

Es ist nie Sache der Charentais gewesen, Wohlstand und Erfolg nach außen zu dokumentieren. Die Menschen sind verschlossen, sie neigen dazu, sich abzukapseln. Ihre Höfe, ihre Brennereien oder Handelshäuser sind schlicht und unauffällig gehalten, in den kleinen Ortschaften zeigen Häuser oft nicht ein einziges Fenster zur Straße. Der Fremde, der Cognac und die Charente zum ersten Mal besucht, wird kaum vermuten, daß sich hinter den unscheinbaren Gebäuden oft Wohlstand und farbiges Treiben verstecken.

Man sagt den Menschen in diesem Land Eigenbrötelei und individualistische Strenge nach, doch ist unverkennbar, daß sie über feinen, subtilen Humor, über Herzlichkeit und Sensibilität verfügen. Hast und Schnelligkeit ist ihre Sache nicht. Sie gelten als gelassen, als schwerfällige Temperamente. Nicht für umsonst ist eine kleine graue Schnecke, die aus dieser Gegend stammt, das Symbol für diese Region geworden. Und die Charentais besitzen Humor und Selbstironie genug, sich selbst mit diesem Tier zu vergleichen. Sie lächeln und nennen sich freimütig »cogouillards«.

Die Verschlossenheit der Charentais, die in der Architektur der Häuser und Höfe häufig ihre Entsprechung findet, wirkt dennoch nicht abweisend. Außerdem übt die Umgebung der Stadt, die Landschaft der Charente mit ihren sanften Hügeln, den unendlich wirkenden Weinfeldern, mit dem friedlichen Fluß, dem »schönsten meines Königreichs«, wie König Heinrich IV. die Charente genannt hat, mit dem weichen Licht am Himmel, das alle Konturen in der Ferne löscht, und mit den fruchtbaren Gärten einen stillen, verführerischen Reiz auf den Betrachter aus. Insofern ist auch heute noch zu verstehen, was einen Reisenden im 16. Jahrhundert zu folgendem Loblied veranlaßt hat: »Endlich erreichte ich Cognac und fand ein Land der Verheißung. Nie habe ich einen solchen Überfluß an den köstlichsten Früchten gesehen, herrliche Birnen, Trauben, Äpfel, Pfirsiche, Melonen, die süßesten, die ich je genossen habe. Ich möchte auch Safran und Trüffeln erwähnen, dazu wunderbares Fleisch, gutes Brot, frisches Wasser und, wie meine zweite Seele, bekömmliche Weine, hell und klar. Nicht zu vergessen die großen Karpfen, Hechte und Forellen.«

Das Weinbaugebiet

Die Weinfelder, weit über die friedliche Hügellandschaft verteilt, erstrecken sich im wesentlichen auf die Gebiete der ehemaligen kleinen Provinzen Aunis, Saintogne und Angoumois, die sich 1791 zu den Departements Charente und Charente Maritime zusammengeschlossen haben. Das Anbaugebiet reicht also direkt bis zum Atlantik, die beiden bekannten Ferieninseln Oléron und Ré zählen dazu. Dazu kommen noch zwei kleine Partien aus den Departements Deux-Sèvres im Norden und Dordogne im Süden, die direkt an das Charentegebiet angrenzen.

Durch ein Dekret vom 1. Mai 1909 ist das Cognac-Weinbaugebiet gesetzlich definiert und genau abgegrenzt worden. Nur der Wein, der in dieser genau bezeichneten Zone, in dieser région délimitée, angebaut wird, darf zu Cognac verarbeitet werden. Heute sind in der Charente, im Cognac-Anbaugebiet mit gesetzlichem Herkunftsschutz, 80 000 Hektar mit weißen Reben bestockt. Die Charente ist damit noch immer das weltgrößte Anbaugebiet für einen Weißwein bestimmten Typs, obwohl die Anbaufläche Mitte des vergangenen Jahrhunderts erheblich größer gewesen ist – mehr als dreimal so groß wie jetzt (290 000 Hektar).

Sechs Cognac-Regionen
Mit der Schaffung des Systems der Appellations d'Origine Contrôlées (AC), mit der gesetzlichen Verankerung des regionalen Herkunftsschutzes für einzelne Weinbaugebiete, wird das Dekret von 1909 ergänzt und verfeinert. Die Weinbauregion wird in mehrere Zonen (Crus oder Lagen) eingeteilt, die sich um die Stadt Cognac gruppieren, und zwar nach dem Gesichtspunkt des unterschiedlichen Qualitätspotentials – d. h. vor allem nach der Bodenbeschaffenheit und den kleinklimatischen Verhältnissen.

Aber vorher schon hatten Händler und Produzenten bei der Festlegung der Preise für die einzelnen Brände traditionelle Bewertungskriterien berücksichtigt, die letztlich auf ein Lexikon der Anbaugebiete und Lagen von 1874 zurückgehen. Diesem Lexikon folgte einige Jahre später eine geographische Karte der einzelnen Lagen, die dann 1909 wiederum für das Cognac-Herkunftsdekret die entscheidende Grundlage bildete. Denn sowohl das Lexikon von 1874 als auch die spätere Lagenkarte berücksichtigten die Erfahrungen und Qualitätsurteile über eine Zeit von rund 200 Jahren.

Diese Tradition ist vermutlich auch der Grund dafür, daß die Einteilung des Cognac-Weinbaugebietes in sechs verschiedene Crus ohne Schwierigkeiten verwirklicht worden ist – ganz im Gegenteil z. B. zur Champagne, wo entsprechende Pläne beinahe zu einem Bürgerkrieg geführt hätten.

Die beste Zone, die den für die Cognac-Herstellung wertvollsten Wein liefert, heißt *grande champagne;* sie schmiegt sich kreisförmig eng an die Stadt Cognac an. Südlich daran, in einem Halbkreis, grenzt die zweitbeste Zone, die *petite champagne*. Daran schließen sich weiter außen – in absteigender Qualitätslinie – die Zonen *borderies, fins bois* und *bons bois* sowie im Westen, an der Küste und auf den Inseln, die Region *bois ordinaires* (seltener auch *bois communs* und *bois à terroir* genannt).

Die Weine aus diesen verschiedenen Zonen (oder Crus) unterscheiden sich mehr oder weniger deutlich in ihrem Charakter und ihrer Güte; sie werden unterschiedlich bewertet und bezahlt. Die Auswahl der Weine aus den einzelnen Zonen und deren Mischung für die einzelnen, firmenspezifischen Cognac-Marken ist eines der Kriterien, die für die Qualität eines Cognacs von Bedeutung sind.

Daß die Abgrenzung des Weinbaugebietes für die Cognac-Herstellung den natürlichen Qualitätsbedingungen voll Rechnung trägt und nicht auf Willkür beruht, haben mehrfache Versuche bestätigt. Der Wein, der außerhalb der »région délimitée« probeweise angebaut worden ist, hat in seiner Qualität nicht den Anforderungen genügt, die im allgemeinen an den »echten« Cognac aus dem deklarierten und geschützten Herkunftsgebiet gestellt werden.

Großes Plus: das gemäßigte Klima

Das Klima, das den Weinbau in der Charente begünstigt, ist das Klima einer Übergangszone. Zwar prägt die See weitgehend die klimatischen Bedingungen: feuchte und milde Luft, die harte Winter nahezu ausschließt. Andererseits werden auch kontinentale Einflüsse spürbar, die das maritime Klima etwas »härten«. Das maritime und das kontinentale Klima jedenfalls sind die beiden entgegengesetzten Strömungen, die sich miteinander verbinden und den Klimatyp im Becken der Charente prägen.

Dabei spielen folgende Einflüsse eine Rolle: das nahe Meer, die aus dem Nordwesten wehenden Winde und die Hügel des Périgord und Limousin. So erfreut sich die Charente eines Klimas, das weder maritim noch kontinental genannt werden kann. Witterungsbedingte Extreme jedenfalls sind nahezu ausgeschlossen.

Rebsortenvielfalt mit Ugni blanc als Monopolist

Die Palette der Rebsorten, die für die Cognac-Herstellung erlaubt sind, ist bunt und vielfältig. Aber nur drei Sorten – *Ugni blanc* (auch *St.-Emilion des Charentes* genannt), *Co-*

lombard und *Folle blanche* – sind von Bedeutung. Und von diesen drei wiederum hat sich die Ugni blanc inzwischen eine Monopolstellung erobert.

Aus Ugni blanc, Colombard und Folle blanche müssen mindestens 90 Prozent des Weines gekeltert worden sein, der zu Cognac verarbeitet werden soll. Dieses vorgeschriebene Soll von neun Zehnteln kann auch eine einzige dieser drei Rebsorten erfüllen, was in der Praxis häufig auch geschieht: durch die Ugni blanc. Sie dominiert, sie hat sich an der gesamten Rebfläche in der Cognac-Region einen Anteil von rund 98 Prozent erobert.

Zu den restlichen Rebsorten, die noch verwendet werden dürfen (also für die maximal verbleibenden 10 Prozent), zählen Sémillon, Sauvignon, Meslier-Saint-François/Blanc Ramé, Jurancon blanc, Montils und Sélect. Doch sie werden so gut wie nicht mehr angebaut.

Die früh reifenden und empfindlichen Sorten Colombard und Folle blanche (ursprünglich nur Folle genannt) sind im vergangenen Jahrhundert in der Charente noch weit verbreitet gewesen, wobei vor allem die Folle blanche außerordentlich geschätzt worden ist. Der Wein aus dieser Traube ist ausgesprochen sauer, er bietet mithin eine gute Voraussetzung für die Herstellung eines aromatischen Cognacs.

Die Colombard-Rebe ist im 18. Jahrhundert in der Charente allgemein angebaut worden; sie ist in einigen Gebieten aber schon im 16. Jahrhundert bekannt gewesen. Diese Rebsorte ist aber nicht nur zu Brennwein für den eau-de-vie und dann zu Cognac verarbeitet worden, manche Winzer – vor allem in den »borderies« – haben aus Colombard auch einen beachtlichen (süßen) Dessertwein produziert.

Der Aufstieg der Ugni blanc zur wichtigsten Rebsorte in der Charente ist eine Folge der Reblauskatastrophe im letzten Drittel des vergangenen Jahrhunderts. Ihr Produktionspotential und der Charakter ihrer Weine (kräftige Säure, wenig Alkohol) waren geradezu die ideale Voraussetzung für den Wiederaufbau nach der Schädlingskrise. Bei der Erneuerung der durch die Reblaus zerstörten Rebbestände ist daher mehr und mehr die Ugni blanc angepflanzt worden, deren Heimat eigentlich in Italien liegt, wo sie vor allem in der Emilia Romagna als »Trebbiano Toscano« eine wichtige Rolle spielt.

Die »Süd-Sorte« Ugni blanc reift in der Charente selten aus, selbst wenn die Trauben erst im Oktober gelesen werden. Der Wein erreicht daher in der Regel allenfalls 7 bis 10 Grad Alkohol, was aber als gute bis optimale Voraussetzung für die Destillation angesehen wird. Erreichen die Trauben nämlich einen zu hohen Reifegrad, werden sie zu gehaltvoll und alkoholreich (wie 1976), fehlt dem Cognac später die Finesse.

Als grobe Faustregel gilt daher in der Charente: gemäßigte Sommer – guter Cognac, heiße Jahre – flauer Cognac. Am besten ist der Wein zum Brennen geeignet, wenn er nicht mehr als 8 bis 9 Grad Alkohol erreicht.

Das Weinbaugebiet der Charente ist durch gemäßigtes Klima gekennzeichnet. Hier fühlt sich vor allem eine Rebsorte heimisch, die heute in der Cognac-Herstellung eine Monopolstellung genießt: die Ugni blanc, die mit einem Anteil von 98 Prozent die Weinberge beherrscht.

Eine lange Tradition prägt die Destillation des Weins in der typischen Charentaiser Brennblase, der »alambic«. Die Brennereien sind oft klein; sie sind meist charakteristische Handwerksbetriebe geblieben.

ALAMBIC CHARENTAIS

Das Charentaiser Brennverfahren zur Herstellung von Cognac

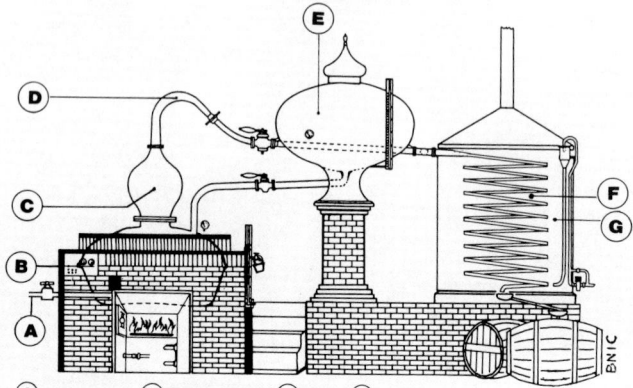

(A) Weinzulauf (B) Destillierkessel (C) Helm (D) Schwanenhals
(E) Energiesparender Weinvorwärmer nur für die erste Destillation
(F) Kühlschlange (G) Wasserbehälter

Am Brennverfahren hat sich in der Charente prinzipiell nichts geändert. Der »Rohstoff« wird zweimal über offenem Feuer destilliert – ausschließlich in der gesetzlich festgelegten Zeit von Anfang November bis zum 31. März des folgenden Jahres. Nur das Herzstück (»le cœur«) aus dem zweiten Brennvorgang wird zu Cognac veredelt.

Vom Wein zum Cognac: die Herstellung

Im Oktober kommt alljährlich Stimmung auf, der Wein wird gelesen. Ein guter Teil der Weinfelder wird noch mit der Hand abgeerntet, wozu Weinleser in ganz Frankreich, aber auch in Spanien und Portugal angeheuert werden. Doch die Zukunft gehört den Erntemaschinen. Seit die Weinstöcke nicht mehr so stark zurückgeschnitten, sondern an Spanndrähten bis zu 1,50 Meter hochgezogen werden, und seit ein größerer Reihenabstand eingehalten wird, läßt sich die Ernte mühelos mit Maschinen einbringen.

Der Wein muß generell nach ortsüblichen Verfahren hergestellt werden, was allerdings einige genau fixierte Vorschriften nicht ausschließt. So ist es z.B. verboten, das Lesegut mit der Endlospresse (»archimedische Schraube« – Schneckenpresse) zu keltern, da bei diesem Verfahren die Gefahr bestünde, daß geschmacksverändernde Tannine und Öle aus den Kernen und Beerenhäuten in den Most übertreten. Außerdem ließe sich mit den kontinuierlich arbeitenden Endlospressen mehr Most aus den Trauben quetschen. Erlaubt sind also nur die traditionellen Pressen, die eine schonende Kelterung erlauben.

Der Most muß auf natürliche Weise gären – ohne Zusätze; er darf vor der Fermentation auch nicht gezuckert werden (wodurch sich sonst der Alkoholgehalt erhöhen würde). Außerdem ist es verboten, die Gärung durch Zugaben von Schwefeldioxyd (SO_2) zu unterbrechen oder zu verzögern, wie überhaupt die Verwendung von Schwefeldioxyd in der Brennweinherstellung geächtet ist. Denn SO_2, das sonst wie selbstverständlich in der Weinbereitung genutzt wird, das aus Gründen des Oxydationsschutzes und der Haltbarmachung auch noch immer genutzt werden muß, produziert in Verbindung mit den Hefen Aldehyde, die sich beim Destillieren auflösen und die das Destillat durch einen unangenehmen Desinfektionsmittelgeruch verderben. Allerdings spielt die SO_2-Frage in der Charente ohnehin kaum eine Rolle, da der junge Wein, der zu Cognac weiterverarbeitet wird, im allgemeinen zügig nach der Gärung destilliert wird.

Destillationszeitraum: November bis März

Die Zeit, in der die Brennweine zu eau-de-vie destilliert werden, ist genau festgelegt: Sie beginnt Anfang November und endet am 31. März des darauffolgenden Jahres. Die Beschränkung der Destillationszeit auf fünf Monate ist kein Willkürakt der Behörden, sie entspringt exakten Kenntnissen und Erfahrungen über den richtigen Zeitpunkt des Destillierens. Je früher der Wein gebrannt wird, desto besser wird das Destillat. Denn mit jeder Woche, die der ungeschwefelte Wein, der Cognac-Rohstoff, älter wird, wächst die Gefahr von Mängeln und unvorhersehbaren – oft jahrgangsbedingten – Fehlentwicklungen.

Die Destillation des Weins und die darauf folgenden Veredlungsschritte sind streng reguliert. Die Vorschriften werden von einer halbstaatlichen Organisation überwacht und maßgeblich mitgestaltet, die zugleich die Interessengemeinschaft der gesamten Cognac-Wirtschaft ist: das *Bureau National Interprofessionnel du Cognac (BNIC)*. Über jede entscheidende Stufe der Cognac-Herstellung wacht das Auge des Gesetzes, droht die Kontrolle durch das Cognac-Büro.

Alambic charentais – die Charentaiser Brennblase

Das einzige Gerät, das für die Destillation benutzt werden darf, ist der *alambic charentais,* die Charentaiser Brennblase. Dieser Apparat hat sich in seinen wesentlichen Konstruktionsmerkmalen über viele Jahrhunderte hinweg nicht verändert; er ist im Mittelalter schon von den Alchimisten verwendet worden, geht in der Grundform aber vermutlich schon auf die Zeit der alten Griechen und Araber zurück.

Zur Charentaiser Brennblase gehören die folgenden Funktionsteile:
▷ der zwiebelförmige Destillierkessel *(cucurbite)* und der daraufsitzende, erheblich kleinere – ebenfalls zwiebelförmige – Helm *(chapiteau:* Zirkuskuppel);
▷ der Schnabel oder Schwanenhals *(bec* oder *col de cygne),* der aus dem Helm herausführt und in den Kondensator oder die Kühlschlange *(serpentin)* mündet;
▷ ein Behälter für das Destillat – meist ein Faß – und häufig noch ein energiesparender Weinvorwärmer.

Vom Destillierkessel bis zum Faß
Im Destillierkessel oder Destillierkolben, der aus handverarbeitetem gehämmertem Kupfer bestehen muß, wird der Brennwein erhitzt, bis der Alkohol und die Essenzen verdampfen. Der Brennwein wird in der Regel mit der leichten Bodenhefe (seltener auch mit dem gesamten Bodensatz) gebrannt. Das Destillieren des Weins mit seinem Bodensatz entspringt nicht irgendeiner Laune der Cognac-Macher oder der Unlust, den Wein vor dem Brennen abzustechen. Dieses Verfahren ist vielmehr eine jener Einflußfaktoren, die den unvergleichlichen Charakter des Cognacs prägen. Allerdings ist das Brennen auf der Hefe nicht vorgeschrieben.

Gute Destillate sind nur zu gewinnen, wenn der Wein langsam und sanft gebrannt wird; denn nur dann lassen sich die Essenzen aus dem Wein im reichen Maße extrahieren. Es gehört zur handwerklichen Kunst des Brenners, den gesamten Brennvorgang, der ungefähr 24 Stunden in Anspruch nimmt, entsprechend zu steuern. Früher, als die Destillierkessel noch mit Holz oder Kohle befeuert worden sind, haben die Brenner viel Zeit darauf verwenden müssen, eine einigermaßen gleichbleibende Flamme und Temperatur zu halten. Heute, da die Kessel weitgehend mit Gas beheizt werden, ist dieser Arbeitsvorgang erheblich vereinfacht und perfektioniert worden.

Nicht geändert worden ist die alte Vorschrift, den Wein in der Brennblase mit einem offenen Feuer unter dem Destillierkolben zu erhitzen. Eine Destillation mit Heizschlangen, wie bei der Weinbrandherstellung in Deutschland üblich, ist in Cognac nicht erlaubt. Das offene Feuer unter dem Kupferkessel soll – aus geschmacklichen Gründen –

dazu beitragen, daß am heißen Boden der Brennblase die rückständige Hefe im Wein leicht »anbrennt«.

Die alkoholischen Dämpfe, die beim Erhitzen aus dem Wein aufsteigen, werden im Helm, der nur ein Zehntel der Größe des Brenngefäßes haben soll, aufgefangen und dann durch den Schwanenhals in den Kondensator, die Kühlschlange, geleitet. Dort kondensieren die Dämpfe, und das alkoholische Kondensat (Destillat) läuft als dünnes Rinnsal in ein darunterstehendes Faß ab.

Beste Qualität aus kleinen Brennblasen
Die Qualität und der Charakter des gebrannten Weins hängen aber nicht nur davon ab, daß der Wein langsam und schonend destilliert wird. Auch die Größe und die Form der einzelnen Teile des Brennapparates wirken sich auf die Güte des Destillates aus. Je kleiner z.B. der Destillierkolben ist, desto charaktervoller und aromatischer wird das Destillat. Große Brennblasen dagegen liefern Brände, die eher neutral ausfallen.

Ähnlich wirkt sich die Größe des Helms im Vergleich zum Kessel aus: Ist der Chapiteau im Verhältnis zur Brennblase relativ groß, dann führt auch hier die Destillation zu neutraler wirkenden Bränden. Manche Brenner haben diese Erfahrungen früher eng ausgelegt. Sie haben Brennapparate verwendet, die zum Teil nur drei Hektoliter gefaßt haben.

Auch heute noch wird zuweilen mit alten Geräten gearbeitet, die deutlich unter den zugelassenen Größen liegen. Erlaubt sind jetzt Apparate mit einer Kapazität von maximal 130 Hektolitern, die aber nicht vollständig ausgenutzt werden darf. Für den ersten Brennvorgang ist die Füllmenge auf 100 Hektoliter begrenzt, für den zweiten auf 25 Hektoliter.

Nicht ganz einig sind sich die Brenner in der Charente darüber, ob die Benutzung eines Vorwärmers für den Brennwein die Qualität des Destillates beeinträchtigt. Die einen meinen, die Erwärmung des Weines durch die heißen Alkoholdämpfe sei lediglich ein physikalischer Vorgang, ein Wärmeaustausch zwischen dem Alkoholdampf und dem noch nicht erhitzten Brennwein. Die Qualität bleibe unberührt, wohl aber werde durch das Vorwärmen des Brennweins in größerem Maße Energie gespart. Die anderen dagegen machen darauf aufmerksam, daß der Brennwein – wenn er vor der Destillation schon vorgewärmt werde – zum Schaden der Qualität oxydieren könnte.

In Frage gestellt werden auch immer wieder der Sinn und Zweck des Destillierens auf der feinen Hefe oder gar dem Trub. Produzenten, die sich durch gute Cognacs einen Namen gemacht haben, halten diese Methode allerdings nach wie vor für sinnvoll. Der Cognac werde durch das Brennen auf der Hefe *(sur lie)* schneller reif, zudem profitiere sein Aroma von den Estern, die in den Bodensatzhefen zu finden seien.

Zwei Brennvorgänge – ein »Herzstück«

Der Wein, der Cognac werden soll, muß zweimal gebrannt werden. Der erste Durchlauf liefert den Vor- oder Rohbrand *(brouillis)* – eine helle Flüssigkeit mit einem Alkoholgehalt von 25 bis 30 Volumenprozent Alkohol, die völlig ungenießbar ist.

Durch die zweite Destillation *(bonne chauffe)* wird dann jenes Destillat gewonnen, das in vielen Jahren zu Cognac heranreift.

Doch nicht der gesamte zweite Brand (Feinbrand) kann verwendet werden, sondern nur das sogenannte *Herzstück (cœur)*.

Zu Beginn der bonne chauffe nämlich fließt eine trübe Flüssigkeit aus dem Brenngerät (der Vorlauf, *la tête*), die in der Regel nicht weggegossen, sondern ein weiteres Mal destilliert wird (wozu der Vorlauf entweder in den nächsten Vorbrand oder den noch nicht destillierten Brennwein fließt).

Ebenfalls unbrauchbar ist der Nachlauf, der Schwanz *(la queue);* er riecht unangenehm und könnte das Aroma des jungen Cognacs verderben. Auch der Nachlauf darf von neuem gebrannt werden.

Die Kunst des Brennmeisters liegt darin zu erkennen, wann der Vorlauf endet und das Herzstück beginnt. Rein optisch läßt sich dieser Übergang einigermaßen ausmachen: Das Gute kommt, wenn die alkoholische Flüssigkeit glasklar wird. Doch reicht diese grobe Faustformel nicht aus; sie ist nicht mehr als ein erster Hinweis. Nur jahrelange Erfahrung versetzt den Brenner in die Lage, das Herzstück im rechten Augenblick zu erkennen, wobei er sich vor allem auf den Geruch und auf die Temperatur des Destillats verläßt.

Was dann als Cognac in die Fässer abgefüllt wird, ist eine helle, klare, wohlriechende Flüssigkeit, deren Alkoholgehalt ungefähr zwischen 67 und 72 Volumenprozent liegt. Mehr als 72 Prozent Alkohol darf das Destillat, das zu Cognac heranreifen soll, allerdings nicht haben.

Cognac – »niedrig abgetrieben«

67 oder 72 Grad – oder mehr oder weniger; das ist keinesfalls eine willkürliche Zahlenspielerei. Hier spielen vielmehr Geschmacksfragen eine entscheidende Rolle. Wird bei der Destillation »höher abgetrieben«, d. h. werden beim Brennen nur die Destillate mit einem hohen Alkoholgrad aufgefangen (z. B. 80 Volumenprozent wie beim deutschen Weinbrand), präsentiert sich der gebrannte Wein relativ neutral im Geschmack. Wird dagegen »niedrig abgetrieben«, also zu dem Zeitpunkt, wo die Destillate mit einem niedrigen Alkoholgrad aus dem Brenngerät fließen (wie beim Cognac), entströmen dem gebrannten Wein mehr Aromastoffe; das Bukett ist reicher, der eau-de-vie wirkt schwerer.

Auf diesen Zusammenhängen gründet unter anderem auch der Unterschied zwischen dem deutschen Weinbrand und dem Cognac. Das deutsche Produkt, das Ergebnis eines »hohen Abtriebs«, ist im Geschmack eher neutral, es ist weniger schwer, es macht nicht so schnell satt. Der Cognac dagegen, niedriger »abgetrieben«, fordert die Sinne und strotzt (in der Regel jedenfalls) mit seinem vollen Bukett und seinem typischen barocken – allerdings schnell sättigend wirkenden – Geschmack.

Eigene Brennwege: Oléron & Ré

Von einer Ausnahme ist noch zu berichten: Die Vorschrift, der Wein, der Cognac werden soll, dürfe nur in dem alambic charentais gebrannt werden, gilt nicht für die Atlantikinseln Oléron und Ré. Hier können auch Apparate benutzt werden, die kontinuierlich destillieren, also nicht in zwei getrennten Brennvorgängen.

Mindestens zweijährige Lagerung in Eichenfässern

Der gebrannte Wein, der aus der Brennblase fließt, ist der Cognac in seinem jugendlichen Alter: Er ist hell und wasserklar, er wirkt roh und ungeschliffen – wenn er auch durch einen angenehmen Geruch gefällt. Was ihm fehlt, ist die Reife, das Alter. Er muß gelagert werden. Das Eichenfaß übernimmt diese Aufgabe. Das Gesetz schreibt vor, den jungen Cognac mindestens etwas mehr als zwei Jahre im Faß altern zu lassen. Vorher darf er nicht verkauft werden. In Wirklichkeit lassen ihn die Cognac-Häuser erheblich länger reifen: vier, sechs, zwölf Jahre und mehr.

Nicht ein beliebiges Faß darf für die Lagerung des jungen Destillats verwendet werden; die Fässer müssen aus speziellem Eichenholz hergestellt worden sein: aus der Eiche des Limousin, östlich der Charente gelegen, oder aus den Wäldern von Tronçais, westlich von Burgund. Experimente mit anderen Eichenhölzern (mit deutschen und kanadischen z.B.) sind erfolglos geblieben. Diese Hölzer sind zu fest, zu dicht strukturiert, sie geben zu wenig Wirkstoffe an das Destillat ab.

Lignin & Tannin – Geschmack & Farbe
Physikalische und chemische Vorgänge sind im Spiel, wenn der Cognac im Eichenfaß reift. Zum einen kann durch das poröse Holz der Limousin- und Tronçais-Eiche der reifeför-

dernde Sauerstoff eintreten, zum anderen enthält das Holz zwei Wirkstoffe, die den Geschmack und die Farbe des Cognacs verändern: das Lignin und das Tannin.

Das Lignin, das in großer Menge im Eichenholz vorkommt (es macht fast ein Viertel des Holzes aus), gibt Aromastoffe ab, die den Cognac unter anderem – bei genügend langer Lagerung – durch Vanille- und Zimtgeschmack bereichern.

Das Tannin, das sich zunächst durch einen bitteren Beigeschmack bemerkbar macht (der sich während der Reifezeit aber wieder verliert), bringt vor allem die Farbe in den anfänglich klaren Cognac.

In ihrem Lignin- und Tanningehalt unterscheiden sich die Eichenhölzer aus dem Limousin und von Tronçais mehr oder weniger deutlich. Das Eichenholz von Tronçais ist dichter, es ist weniger porös als die Eiche aus dem Limousin. Tronçais-Eiche enthält mehr Lignin und weniger Tannin als die Eiche des Limousin; sie eignet sich daher besonders gut für die Alterung jener (weniger wertvollen) Cognacs, die nicht so lange im Faß reifen, sondern verhältnismäßig früh konsumfertig sein sollen. Denn der geringere Tannin-Gehalt der Tronçais-Eiche belastet den jungen Cognac nicht so stark mit Bitteraromen; er ist früher trinkbar.

Ideale Faßgröße: 350 Liter
Das Holz für die Fässer wird meist fünf Jahre und länger im Freien gelagert, obwohl nur drei Jahre vorgeschrieben sind. Am besten eignet sich Holz, das von mindestens 70 Jahre alten Bäumen stammt. Während des Trocknens wird es Wind und Wetter ausgesetzt, damit ein Teil der (bitteren) Tannine »verwittern«.

Die Faßdauben, die von gewissenhaften und erfahrenen Küfern zu Fässern zusammengesetzt (besser zusammengezwungen) werden, dürfen nicht aus den Stämmen herausgesägt, sie müssen vielmehr mit der Axt abgespalten werden. Ursprünglich haben die Fässer rund 200 Liter gefaßt, dann hat sich das Faß mit einem Volumen von 350 Litern als ideale Größe durchgesetzt. Denn das kleinere Faß hatte – wegen der großen Holzoberfläche im Verhältnis zum Inhalt – dem Cognac aromatisch zu stark zugesetzt. Der Cognac war häufig zu »holzig« und intensiv im Geschmack. Welche Bedeutung dem Faß beigemessen wird, zeigt sich unter anderem schon daran, daß viele bedeutende Cognac-Häuser die Fässer nicht fertig kaufen, sondern sie in eigenen (lohnintensiven) Küfereien selbst herstellen.

Faßlagerung in ebenerdigen chais
Gelagert werden die Cognac-Fässer nicht in Kellern, wie es beim Wein üblich ist, sondern in Hallen – in den *chais*, die ebenerdig gebaut sind. Damit die Fässer auch gut der zirkulierenden Luft und den klimatischen Schwankungen ausgesetzt sind, dürfen die Fässer in nicht mehr als drei übereinanderliegenden Reihen gestapelt werden. Wie schon beschrieben, kann man die chais schon rein äußerlich an ihren schwarzen Fassaden erkennen – am Cognac-Pilz *torula cognacensis*, der vom verdunstenden Cognac und dem Salpeter in den Steinen lebt.

Aber auch im Innern der chais wächst ein Pilz als Wahrzeichen für das Cognac-Lager: der watteweiche schwarze *cladosporium* (von den Biologen zuweilen auch *Schwarze Hefe* genannt).

Durstige Engel – hoher Verdunstungsanteil

Die Verdunstung des Cognacs während der Lagerung im Faß ist keine Sache, die sich in homöopathischen Größenordnungen ausdrücken ließe. Es sind schon beachtliche Mengen, die durch die porösen Holzporen entweichen – zu den »Engeln aufsteigen«, wie man in Cognac sagt. Dieser *part des anges,* der Anteil der Engel, belastet die Kostenrechnung in einem hohen Maße; man schätzt, daß er gegenwärtig 20 bis 23 Millionen Flaschen im Jahr ausmacht.

D. h., es geht durch die Verdunstung jährlich doppelt soviel Cognac verloren wie z. B. 1988 in die Bundesrepublik Deutschland (11,6 Millionen Flaschen) exportiert worden ist. Mit den Jahren der Lagerung wird der Verlust zwar allmählich kleiner, doch fordern die Engel bis zum Schluß ihren Teil. Ein Cognac, der z. B. 50 Jahre im Faß gelegen hat, verliert mehr als ein Drittel seines ursprünglichen Alkoholgehalts; d. h., die Grädigkeit verringerte sich von anfangs 70 auf 45 Volumenprozent.

Entscheidend beeinflußt wird das Tempo der Verdunstung durch den Feuchtigkeitsgehalt der Luft, der in den chais herrscht. Je trockener die Luft ist, desto schneller verdunstet die Flüssigkeit (das Volumen), desto langsamer sinkt damit der Alkoholgehalt. Je feuchter die Luft dagegen ist, desto weniger schnell verdunstet die Feuchtigkeit (das Volumen); der »Anteil der Engel« wird größer.

Diese zunächst rein physikalisch bedingten Vorgänge beeinflussen aber auch den Charakter des Cognacs. Ein Cognac, der in verhältnismäßig trockener Luft reift, wirkt am Ende hart, trocken und streng. In zu feuchten Hallen gelagerter Cognac dagegen verliert zuviel Alkohol und damit Struktur und Ausdruck. Deshalb, hieß es früher in Cognac, kämen die besten Cognacs aus jenen chais, die in der Nähe des Flusses lägen; denn hier würden die Temperaturen und der Feuchtigkeitsgehalt der Luft auf natürliche Weise gesteuert.

Im Zeitalter der Klimatechnik allerdings dürfte diese Erfahrung kaum noch eine Rolle spielen. Denn wo der Effekt fehlt, den der Fluß angeblich bringt, kann die moderne Technik einspringen. Letztlich aber wird die alte Erfahrung bestätigt: Denn wenn die Cognac-Häuser neue, von der Charente entfernt liegende Lagerhallen bauen, werden von vornherein meist Klimaanlagen eingeplant, mit denen sich die Feuchtigkeit steuern läßt.

Lagerung in alten oder neuen Eichenfässern?

Von Bedeutung für die Art des Cognacs ist auch die Frage, wie lange der junge gebrannte Wein in neuen Eichenfässern gealtert werden oder in welchem Mengenverhältnis der in frischen Fässern zu dem in gebrauchten Fässern gelagerte Cognac stehen sollte. Weil nämlich frische Eichenfässer viel Tannin und Lignin an die Destillate abgeben, könnte bei zu langer Lagerung im neuen Faß der Cognac zu streng und »holzig« werden. Alte Fässer dagegen haben diese Wirkstoffe in mehr oder weniger starkem Maße schon verloren, sie eignen sich daher besser für einen neutraleren Reifeprozeß.

Die Kunst des Kellermeisters besteht nun darin, jenes Verhältnis zwischen gebraucht und neu zu finden, das dem Endprodukt, der Cognac-Marke, die gewünschten Geschmackseigenschaften garantiert. Bessere Destillate werden häufig fünf bis zehn Monate in neuen Fässern gelagert, wenn auch von einer allgemeinen Übung oder gar Regel nicht gesprochen werden kann. Einige Anbieter (darunter ein weltbekanntes Spitzenhaus), die allein auf die Eigenschaften und Güte des Destillats vertrauen, verzichten völlig auf die Alterung in neuen Fässern. Andere wieder, die derbe Cognacs lieben, riskieren eine längere, zuweilen sogar vollständige Lagerung aller Destillate im frischen Holz. Ein Grundrezept jedenfalls gibt es nicht; jedes Cognac-Haus orientiert sich an seinem Stil, richtet sich nach seiner Erfahrung.

Mariage – Mischung verschiedener Cognacs

Wenn die Reife abgeschlossen ist oder als ausreichend angesehen wird, ist der Cognac noch immer kein konsumfertiges Produkt. Noch einige weitere Phasen auf seinem langen Werdegang stehen ihm bevor: die *assemblage*, die Herabsetzung des gealterten Destillats auf Trinkstärke, und eine letzte Behandlung vor der Füllung.

Der verkaufsfertige Cognac ist (in der Regel) ein Blend – eine Mischung aus Cognacs verschiedener Lagen und Altersstufen. Der Kellermeister und seine Mitarbeiter, auch der Besitzer und der Degustateur, stellen nach langen intensiven Proben diese *coupe* zusammen, die zumeist einem standardisierten Charakter, einer Marke des Hauses, entsprechen soll. Es wird solange probiert (manchmal auch in undurchsichtigen Gläsern, die eine objektive Beurteilung ermöglichen sollen), bis die coupe dem Typ des

Hauses oder dem gewünschten Ergebnis entspricht. Von assemblage (Mischung/Vereinigung) wird dann auch gesprochen oder gar von *mariage*, Vermählung. Anschließend wird die nun gefundene Cognac-Mischung von neuem in Fässer gefüllt, wo sich die verschiedenen Cognacs endgültig miteinander vereinigen und noch einige weitere Monate lang zu einer Ehe heranreifen.

Die hohe Cognac-Kunst wird also keinesfalls in der Herstellung reiner, unvermischter Cognacs gesehen (Ausnahmen bestätigen natürlich die Regel), sondern in der glücklichen mariage unterschiedlicher Cognac-»Persönlichkeiten« aus verschiedenen Regionen, die sich während der Reifejahre zu Individualitäten entwickelt haben.

Hierauf dürfte es auch zurückzuführen sein, daß auf dem Cognac-Etikett die Bezeichnungen Château oder Domaine grundsätzlich nicht verwendet werden dürfen – es sei denn, es handele sich tatsächlich um Cognacs, die ausschließlich aus Weinen eines bestimmten Gutes destilliert worden sind.

Verdünnung auf Trinkstärke

Wenn der Cognac lange genug im Faß bliebe (bis zu 70 Jahren ungefähr), wäre sein Alkoholgehalt so weit gesunken, daß er eine Trinkstärke von rund 40 Volumenprozent erreicht hätte. Aber erstens kann sich diesen Luxus kein Cognac-Haus leisten (wenn auch manche Cognacs als Reserve durchaus so lange gehalten werden – allerdings von einem bestimmten Zeitpunkt an dann in Glasballons), zum anderen ist eine Lagerzeit von mehr als 40 Jahren wenig sinnvoll, da sich der Cognac in diesem Alter nur noch wenig oder gar nicht mehr verbessert. Cognac sollte zwar genügend Zeit zur Reife haben, doch sind Reifezeiten von vier bis zwölf Jahren für manche Qualitäten durchaus schon vertretbar.

Cognac in diesem Alter – direkt aus dem Faß genommen – wäre allerdings nicht trinkbar, sein Alkoholgehalt ist noch zu hoch. Also muß der fertige Cognac, bevor er in die Flaschen gefüllt wird, auf Trinkstärke gebracht werden. 40 Volumenprozent sind dabei als unterste Grenze vorgeschrieben; Cognac kann aber auch mit einem Alkoholgehalt bis zu 45 Prozent auf den Markt kommen. Der größte Teil des Angebotes aber liegt in der Gruppe der Vierzigprozentigen – unter anderem auch der Alkoholsteuern wegen (je weniger Alkohol, desto niedriger die Steuern).

Verdünnt wird der hochgrädige Cognac mit destilliertem Wasser oder mit einer schwachen Mischung aus destilliertem Wasser und Cognac *(petites eaux)*. Die Wasser-Cognac-Mischung wird in der Regel schon längere Zeit vor der Verdünnung des ausgereiften Cognacs angesetzt und in großen Holzbottichen aufbewahrt und gelagert. Das Verdünnen selbst nimmt mehrere Monate – oft auch Jahre – in Anspruch; eine abrupte Verdünnung vor der Flaschenfüllung wäre seiner Qualität abträglich.

Zusatzstoffe: Karamel, Zuckersirup & Co.

Während der Verdünnungsperiode muß der reife Cognac allerdings noch einige weitere Zusatzstoffe verdauen, die von den Cognac-Häusern nur ungern genannt werden (wenn sie auch gesetzlich zugelassen sind). Zu diesen Zusatzstoffen gehören vor allem Karamel, Zuckersirup und eine Lösung aus Eichenholzspänen *(boisé)*. Nicht jeder Cognac wird mit diesen Zusatzstoffen gleichermaßen behandelt und abgerundet; zumindest werden Karamel und Zuckersirup nicht als Verstoß gegen die guten Cognac-Sitten gewertet.

Karamel wird verwendet, um den Cognac zu dunkeln, um die jeweilige Cognac-Marke auf Jahre hinaus immer wieder in einer einheitlichen Farbe anbieten zu können. Bis zu zwei Prozent Karamelzugabe sind erlaubt. Auf den Geschmack wirkt sich Karamel nicht aus; keinesfalls wird der Cognac auf diese Weise gesüßt. Diese Funktion übernimmt dann die Zuckerlösung, die den Cognac im Geschmack abrunden soll. Zucker darf ebenfalls bis zu zwei Volumenprozent beigemischt werden – entweder in Form von Sirup oder aufgelöst in zwanzig- bis dreißigprozentigem Cognac.

Während über die Verwendung von Karamel und Zuckerlösung in der Charente kaum jemand streitet, scheiden sich die Geister doch, wenn über Sinn und Unsinn der Eichenholzspanlösung debattiert wird. Die Lösung aus in älteren Cognacs getränkten Eichenholzspänen wird meist jüngeren Cognacs beigemischt, und zwar mit dem Ziel, den Cognac älter erscheinen zu lassen, als er in Wirklichkeit ist: er wirkt in der Farbe dann dunkler und im Geschmack leicht »holzreif«.

Durch boisé wird vordergründig Alter vorgetäuscht, das der Cognac nicht besitzt. Allerdings können durch dieses Hilfsmittel nicht die gesetzlich geschützten Altersangaben umgangen werden; die Altersangaben auf dem Etikett müssen auf jeden Fall der tatsächlichen Reifezeit (des jeweils jüngsten Cognacs im Blend) entsprechen.

Mit der Eichenholzspanlösung wird oft dann gearbeitet, wenn die Lagerfässer zu groß oder zu alt sind, so daß sie nicht mehr genügend Tannin oder Lignin an das junge Cognac-Destillat abgeben können. Das Verfahren, das eine lange Tradition hat, erinnert an eine ähnliche – allerdings nur in beschränktem Maße – anzutreffende Methode im Bordelais, wo zuweilen keimfreie Eichenholzspäne dem jungen Rotwein beigemischt werden (die später wieder vom Wein getrennt werden). Auch hier soll der positive Effekt des Eichenholzes auf den Charakter des Weins nachgeholt werden, wenn lediglich ältere Fässer oder Stahltanks für die Lagerung des jungen Weins verwendet werden.

Mit dem letzten Schliff durch die Zusatzstoffe Karamel und Zuckerlösung (und zuweilen eben auch durch boisé) sowie nach der Verdünnung des gereiften Cognacs durch destilliertes Wasser oder petites eaux ist das Produkt fertig: der Cognac kann abgefüllt, verkauft und konsumiert werden.

Mehr als zwei Jahre sind nun mindestens vergangen – von der Destillation (spätestens Ende März nach der Ernte) bis zur Konsumreife. Allerdings gilt diese Zeitspanne nur für die Cognacs der untersten Qualitäts- und Altersstufe, für die sogenannten Dreisterne-Cognacs.

Bessere Qualitäten erreichen ein wesentlich höheres Alter, wobei manche Cognacs, die in die coupe eingehen, 40 Jahre und älter sein können.

Hohes Alter ist zwar nicht von vornherein ein Qualitätsmerkmal (wenn der Rohstoff, der Wein, nichts taugt, kann später auch die lange Reife im Faß nicht helfen), aber ohne eine ausreichend lange Lagerzeit im Eichenfaß kann kein Spitzen-Cognac heranreifen.

> *Die Cognac-Herstellung ist genau geregelt. Der Wein darf nur in der Charentaiser Brennblase destilliert werden; er wird zweimal gebrannt. Nur das »Herzstück« des zweiten Brandes wird verwendet. Anschließend muß das junge Destillat mindestens zwei Jahre (und ein paar Wochen) in Eichenfässern gelagert werden. In der Regel wird der Cognac erheblich länger im Faß gelagert: vier, sechs, zwölf Jahre und mehr.*

Die Crus – von grande champagne bis bois ordinaires

Das Cognac-Gebiet, das 1909 zum ersten Mal gesetzlich definiert und Mitte der 30er Jahre in den Kreis der ersten appellations contrôlées, der geschützten Ursprungsbezeichnungen, aufgenommen worden ist, setzt sich aus sechs – bis auf eine Ausnahme ebenfalls kontrollierte und geschützte – Einzel- oder Unterregionen zusammen.

Maßgebend für die Abgrenzung dieser Lagen oder Crus ist das Qualitätspotential, das wiederum von der Bodenbeschaffenheit – zum Teil auch vom Kleinklima – abgeleitet ist. Der Boden, der die Qualität des Cognacs garantiert und diesem gebrannten Wein zu einer Sonderstellung verhilft, ist ein Kreideboden, der in verschiedenen Arten und Zusammensetzungen zu finden ist und der entsprechend die Qualität des Weins weitgehend prägt.

Zwei Hauptgebiete: champagne und bois

Die sechs Lagen lassen sich zunächst grob in zwei Hauptgebiete untergliedern: in die *champagne* (nicht zu verwechseln mit dem Champagner-Anbaugebiet südlich von Reims, das ebenfalls auf Kreideböden gründet) und in die Region der *bois*.

In der champagne, die wiederum in die *grande champagne* und die *petite champagne* aufgegliedert wird, ist der Boden besonders kreide- und kalkhaltig; hier findet sich Kreide so spezieller Art, daß die Geologen dieser Kreide den Namen des Gebietes gegeben haben: Campanium, benannt nach dem lateinischen Ursprung und der späteren mittelalterlichen Bezeichnung campania. Als champagne haben die Bewohner die Region deshalb bezeichnet, weil hier – nach den Zerstörungen während des Hundertjährigen Krieges – noch Land übriggeblieben war, das als gutes Ackerland bebaut werden konnte.

Das Gebiet der bois, wozu unter anderem die Zonen *borderies, fins bois, bons bois* und *bois ordinaires* zu zählen sind, deckt sich fast exakt mit der früheren Urwaldregion dieses Gebietes in der Jurazeit; und hierauf geht auch der Name zurück: bois, das ehemalige Waldgebiet; fins bois, das frühere Buschland.

Grande champagne
Der Boden in der *grande champagne* mit dem nicht zu dichten, durchlässigen Kreidegrund ist für den Weinbau wie geschaffen. Hinzu kommt, daß hier das Klima besonders günstig ist; es ist weder rein maritim noch ausdrücklich kontinental. Es wundert daher nicht, daß an den kahlen Hängen fast ausschließlich Wein angebaut wird, wobei die Hügelkette von Ambleville nach Lignières das Herzstück des Qualitätsweinbaus bildet. Die Weinbaufläche für die Cognac-Produktion erstreckt sich über rund 13 000 Hektar.

In der grande champagne, die südlich des Charente-Flusses liegt, wachsen Weine, die stets für große Cognacs garantieren – für gebrannte Weine, die sich durch Raffinesse und außerordentliche Feinheit auszeichnen. Im jugendlichen Alter sind die Brände kantig-streng; doch nach langer Lagerung, die Jahrzehnte in Anspruch nehmen kann, zeigt sich die Spitzenklasse dieser Cognacs in unvergleichlicher Weise.

Petite champagne
Von großer Qualität sind auch die Brände aus der Lage *petite champagne,* wenn auch diese Cognacs nur eingeschränkt an die außergewöhnliche Qualität der Grande-champagne-Cognacs heranreichen. Die Böden ähneln denen der grande champagne, zum Teil sind sie mit diesen in der Art sogar identisch, z. B. in der Hanglage bei d'Archiac. Das Klima ist von maritimen oder kontinentalen Einflüssen stärker geprägt als in der grande champagne. Die Weinbaufläche, die sich halbkreisförmig um die grande champagne legt, umfaßt etwa 15 300 Hektar.

Borderies
Die kleinste Lage mit ungefähr 4000 Hektar Rebfläche sind die *borderies,* nördlich der Stadt Cognac gelegen. Die Rebstöcke stehen hier auf Böden, die durch ein Gemisch von Kreide und Lehm gekennzeichnet sind und die sich im Tertiär, als sich das Tal der Charente gebildet hat, entkalkt haben.

Die gebrannten Weine aus dieser Lage sind wegen ihrer Fähigkeit zu altern und wegen ihres besonderen Aromas stark gefragt. Man sagt den zum Teil sehr feinen Cognacs nach, sie erinnerten in ihrem Geschmack an Nüsse und Mandelkerne. Bekannte Cognac-Häuser schwören auf diese Brände; sie decken sich stets ausreichend mit diesen Cognacs ein. Oft sind die borderies leicht teurer als die ebenfalls sehr begehrten Brände aus der petite champagne.

Fins bois
Die Lage *fins bois*, die sich ringförmig um die bisher erwähnten Crus legt, ist für blumige Cognacs bekannt, die schon nach einer Lagerzeit von zehn bis zwölf Jahren meist ausgereift sind. Der Boden in dieser Region ist außerordentlich vielgestaltig; stark kalkhaltige Schichten finden sich ebenso wie Sand, Tonerde und Kreide, wobei z. B. die Kreide-Region nördlich und östlich von Jarnac – *premiers fins bois de Jarnac* genannt – stets für delikate Cognacs gut ist. Ozeanische Einflüsse und die das Charente-Tal umschließenden Höhenzüge machen sich hier nicht direkt bemerkbar.

Die Einkäufer der renommierten Cognac-Firmen konzentrieren oft ihre ganze Aufmerksamkeit auf dieses Gebiet, denn die verhältnismäßig rasch reifenden Destillate aus dieser Lage sind oft die Grundlage für die einfacheren Cognacs der durchschnittlichen Qualität, die schon nach wenigen Jahren Faßlagerung getrunken werden können. Die Anbaufläche beträgt 33 000 Hektar.

Bons bois
Vom ozeanischen Klima unmittelbar betroffen ist die Lage *bons bois*, die wiederum wie ein Ring die bisher genannten Crus umschließt (12 700 Hektar). Der Boden ist stark kalk- und tonhaltig, die nahe See macht sich im Geschmack

bereits bemerkbar. Die Destillate sind zwar ausgewogen, aber weitaus nicht so fein wie die anderen Lagen. Außerdem fehlt es ihnen an Struktur und Tiefe. Zu großen Cognacs reifen die Destillate nicht heran, aber wegen ihres verhältnismäßig niedrigen Preises werden sie von nicht wenigen Cognac-Häusern als Blendmaterial durchaus geschätzt.

Bois ordinaires
Noch einen Strich qualitätsärmer sind die Destillate aus der Lage *bois ordinaires* ganz im Westen, mit den Inseln Oléron und Ré (zu dieser Lage zählt außerdem ein Zipfel ganz im Südosten des Cognac-Gebietes, im Departement Dordogne). Hier wirkt sich das Seeklima voll aus; der Boden ist feucht, die Destillate sind deutlich an ihrem erdigen, meist auch »salzigen« Geschmack zu erkennen. Oft erinnern die gebrannten Weine aus diesem Gebiet (ungefähr 1800 Hektar Rebfläche) nur noch entfernt an den typischen Cognac, was die Touristen in dieser Region, vor allem auf den Inseln, nicht davon abhält, diesen Erzeugnissen kräftig zuzusprechen.

Keine Sechs-Klassen-Gesellschaft

Die Rangfolge der sechs Lagen, von grande champagne an abwärts bis zu den bois ordinaires (die manchmal auch noch *bois à terroir* oder *bois communs* genannt werden), sollte nun allerdings nicht dazu verleiten, die Cognac-Welt in eine feste Sechs-Klassen-Gesellschaft einzuteilen. Es gibt in den einzelnen Crus oft kleine Unterzonen, die bessere

Destillate liefern, als dem Durchschnitt in diesem Gebiet entspricht, die sich durchaus mit der höher bewerteten Lage messen können.

Die Hanglagen von d'Archiac in der petite champagne ließen sich z.B. sicherlich auf die Qualitätsstufe der grande champagne stellen; manche bewerten die gebrannten Weine aus dieser kleinen Region sogar höher als viele Grandechampagne-Cognacs. Oder die schmalen Kreidezonen in den fins bois bei Blanzac und südlich von Barbézieux: Auch hier wachsen Weine, die durchaus feine Cognacs hervorbringen – Destillate jedenfalls, die besser sind, als es dem Ruf dieser Lage entspricht.

All das heißt: Die Abgrenzung der einzelnen sechs Crus und ihre unterschiedliche Bewertung haben zwar im allgemeinen ihre – auch durch längere Erfahrung bestätigte – Berechtigung; und von der Herkunft der Brände kann grundsätzlich auch auf die Qualität geschlossen werden. Doch häufig läßt nur eine genaue Überprüfung der einzelnen Qualitäten – unabhängig von der Herkunft – eine verläßliche Bewertung der Cognacs zu.

Etikettensprache: fine champagne, grande fine champagne & petite fine champagne

In Verbindung mit der Bezeichnung champagne sind Herkunftsbegriffe gebräuchlich (und offiziell zugelassen), die einen besonderen Hinweis auf die Qualität des Cognacs geben sollen – auch wenn zunächst nur die Herkunft der Destillate mit diesen Begriffen beschrieben wird. Hierzu zählt zunächst das Begriffspaar *fine champagne*. Unter einem solchen Cognac ist ein Erzeugnis zu verstehen, dessen Brände nur aus den Zonen grande und petite champagne stammen dürfen – wobei der Anteil der grande champagne mindestens 50 Prozent betragen muß (der Anteil der grande champagne kann aber auch höher sein). Cognacs aus anderen Lagen dürfen in den Fine-champagne-Cognac nicht eingehen.

Eine andere Wortverbindung lautet *grande fine champagne*. Steht dieser Begriff auf dem Etikett einer Cognacflasche, handelt es sich um ein Produkt, das ausschließlich aus Destillaten der grande champagne geblended ist. Kein anderes Destillat ist erlaubt – auch aus der petite champagne nicht.

Und schließlich ist seit etwa einem Jahrzehnt auch der Begriff *petite fine champagne* exakt definiert. Cognacs, die so benannt werden, müssen zu 100 Prozent aus der Lage petite champagne stammen.

Der Begriff *fine* findet sich aber nicht nur in Kombination mit der Bezeichnung champagne. Er kann generell verwendet werden. Nur ist dabei zu bedenken, daß der Begriff dann grundsätzlich nichts aussagt.

Die Qualität des Cognacs hängt zu einem guten Teil von der Güte der Weine ab. Die Cognac-Region ist – entsprechend der Qualitätsunterschiede – in sechs Weinbauzonen unterteilt worden. Die beiden besten Regionen sind die »grande champagne« und die »petite champagne«. Stammen die Weine jeweils zur Hälfte aus diesen beiden Weinbauzonen, darf der Cognac »fine champagne« genannt werden.

Von Sternen und Extras: die Cognac-Altersangaben

So wichtig die Herkunft des Cognacs im Einzelfall auch sein mag, die großen Cognac-Liebhaber halten sich in der Regel eher an das Alter. Sicherlich, die eine Lage wird höher bewertet als die andere, und bois ordinaires (zuweilen auch bons bois) steht nicht hoch im Kurs; doch letztlich wird auf das Alter und die Pflege des Cognacs mehr geachtet als auf seine Herkunft. So kann ein 40 Jahre alter, gut gepflegter Verschnitt aus petite champagne und borderies durchaus besser sein als eine nur halb so alte fine champagne.

Wie sich ein junger Cognac während seiner Reife im Faß entwickeln wird, läßt sich nie exakt voraussagen. Das alles hängt von vielen Faktoren ab – von der Herkunft des Destillats oder von der Güte des Weinjahrgangs.

Längste Faßlagerzeit: 40 bis 50 Jahre

Trotz der Unsicherheiten in der Prognose lassen sich grob Entwicklungslinien oder Stadien der Konsumreife erkennen. Manche Cognacs können relativ früh verkauft werden; eine längere Lagerung im Holzfaß stünde vermutlich in keinem rechten Verhältnis mehr zu einem eventuellen Qualitätsgewinn (von der Kostenrechnung ganz zu schweigen). Andere wiederum brauchen viele Jahre (oder gar Jahrzehnte), bis sie ihren reifen Höhepunkt erreicht haben.

Aber auch für solche Oldtimer gilt letztlich eine qualitative und ökonomische Entwicklungsgrenze. Wo sie liegt, läßt sich generell nicht sagen; das hängt vom Einzelfall ab. Aber nach einer Lagerzeit von 40 bis 50 Jahren dürfte im allgemeinen das Qualitätspotential ausgereizt sein. Ein qualitativer Zugewinn ist dann kaum noch zu erwarten. Die Cognac-Häuser haben diese Erfahrung oft gemacht. Daher füllen sie auch die alten Bestände, wenn diese im Faß 40 oder 50 Jahre alt geworden sind, in große Glasballons (bonbonnes) luftdicht um. Der Reifeprozeß wird damit gestoppt, der Cognac entwickelt sich nicht weiter.

Kein Reifeprozeß mehr nach Flaschenabfüllung

Für den Konsumenten folgt hieraus zugleich eine wichtige Lehre: Nur solange der Cognac im Faß liegt, verändert er sich, reift er, wird er rund und harmonisch. Ist er in die Flasche gefüllt, hört jede weitere Entwicklung sofort auf (es sei denn, die Flasche ist schlecht verkorkt, so daß die Qualität des Cognacs – durch den Sauerstoffzutritt – zu leiden beginnt).

Hieraus folgt weiter, daß sich jede Angabe im Hinblick auf das Alter des Cognacs nur auf die Lagerzeit im Faß beziehen kann. Wenn ein gebrannter Wein nur zehn Jahre im Faß gelegen hat, dann bleibt er auf alle Ewigkeit ein Zehnjähriger, auch wenn er dann noch 100 Jahre in der Flasche aufbewahrt wird. Er wird nach der Abfüllung nicht mehr besser.

Keine Altersangaben in Zahlen

Da die Reifezeit – die Jahre, die der Cognac im Eichenfaß verbringt – die Qualität entscheidend beeinflußt, sind Altersangaben eine durchaus sinnvolle Sache. Und die Vorschriften, die sich hierauf beziehen, sind dementsprechend geregelt – d.h. vor allem, es ist vorgeschrieben, was auf dem Etikett als Hinweis auf das Alter stehen darf und was nicht. Genaue Altersangaben aber – in Form von Zahlen: »zwölf Jahre im Faß gelagert« zum Beispiel – sind nicht zugelassen; es gibt vielmehr eine Vielzahl verwirrender Begriffe, die lediglich indirekt auf das Alter schließen lassen.

Die »Konten« – compte 00 bis compte 6

Jedes Destillat, das zu Cognac heranreifen soll, muß dem Bureau National Interprofessionnel du Cognac gemeldet werden; es wird dort exakt verbucht und auf speziellen Konten vermerkt. Diese Konten reichen von 00 bis 6. Auf das Konto 00 (compte 00) wird das Destillat eingetragen, das gerade erst aus der Brennblase geflossen und in das Eichenfaß gefüllt worden ist. Da der Wein bis zum 31. März des auf die Ernte unmittelbar folgenden Jahres destilliert sein muß, stehen auf compte 00 alle jungen Cognacs, die zwischen der Ernte – Anfang November – und dem folgenden 31. März gebrannt worden sind.

Dabei bedeutet 00 letztlich, daß diese kurze Lagerzeit von höchstens fünf Monaten (November bis Ende März) nicht gezählt wird. Der offizielle Geburtstag ist auf den 1. April festgelegt; erst von diesem Tag an, wenn das junge Destillat von compte 00 auf compte 0 umgeschrieben wird, läuft die Uhr.

Nach einem Jahr der Faßreife (vom 1. April an gerechnet) wird der Cognac dann vom Konto 0 auf das Konto 1 (compte 1) versetzt. Er gilt jetzt offiziell als Einjähriger, auch wenn er schon vor dem 1. April des vorausgegangenen Jahres destilliert worden ist. Ein weiteres Jahr später (wieder am 1. April) steigt er dann auf das compte 2 auf – danach, wieder in Abständen von jeweils einem Jahr, auf die Konten 2, 3, 4, 5 und 6.

Dann hört die Kontrolle auf, der weitere Reifeprozeß im Faß wird offiziell nicht mehr registriert. Ein Cognac also, der am 1. April von compte 5 auf compte 6 umgebucht wird, ist zu diesem Zeitpunkt mindestens sechs Jahre alt (von compte 0 bis einschließlich compte 5) – in Wirklichkeit schon einige Wochen oder Monate älter, da er vorher schon für eine gewisse Zeit (höchstens fünf Monate) auf compte 00 gelegen hat.

Mindestalter: zwei Jahre

Der Cognac wird für den Verkauf amtlich erst dann freigegeben, wenn er am 1. April von compte 1 auf compte 2 verbucht worden ist. Er hat dann offiziell zwei Jahre im Eichenfaß gelegen (Konto 0 und Konto 1), aber – wie schon beschrieben – meist einige Wochen oder Monate länger. Er kann im besten Fall dann zwei Jahre und fünf Monate alt sein (wenn er schon Anfang November nach der Ernte gebrannt worden ist). Es handelt sich dann um einen Cognac der untersten Altersstufe, der häufig auf dem Etikett mit drei Sternen gekennzeichnet wird.

Bei Altersangaben Bezug auf jüngsten Blend-Cognac

Der Hinweis, der Cognac X sei zwei Jahre und der Cognac Y sechs Jahre alt, bedarf einer Ergänzung. Die Altersangabe bezieht sich nämlich immer nur auf das Alter des jüngsten Cognacs, der in die Mischung (den Verschnitt oder die coupe) eingegangen ist.

In der Regel ist der Cognac das Ergebnis einer vielfältigen Mischung, die aus Bränden mehrerer Altersstufen besteht. In einem Drei-Sterne-Cognac also sind mit dem mindestens zwei Jahre alten gebrannten Wein in den allermeisten Fällen mehrere ältere Cognacs vermählt.

Ein Hinweis auf das Alter durch einen zugelassenen Begriff (wie Drei Sterne, V.S.O.P. oder Napoléon) ist nie ein Durchschnittswert, der aus den unterschiedlichen Reifejahren der einzelnen Cognacs errechnet worden wäre. Er gibt lediglich an, wie alt mindestens der jüngste Cognac ist. Welches Alter die übrigen Cognacs haben und in welchem Mischungsverhältnis sie in dem konsumfertigen Endprodukt, der jeweiligen Cognac-Marke, präsent sind, läßt sich an den üblichen und erlaubten Altershinweisen nicht erkennen.

Altersskala nach oben offen

Während die Grenze nach unten, das Mindestalter eines verkehrsfähigen Produkts, exakt bestimmt ist, bleibt die Altersskala nach oben offen. Ob der jüngste verwendete Cognac 12, 20 oder 30 Jahre alt ist, kann vom Etikett nicht abgelesen werden. Denn solch hohe Altersstufen werden amtlich nicht mehr überwacht; ein Hinweis auf das entsprechende Alter (auf dem Etikett jedenfalls) ist daher auch nicht erlaubt. Die höchste Altersstufe (für den jeweils jüngsten Cognac), die gestattet ist und die durch spezielle Angaben beschrieben werden kann, endet mit dem Konto 6 (compte 6), also mit Cognacs, die mindestens sechs Jahre im Eichenfaß gelegen haben.

Die gebräuchlichsten Altersangaben: V.S.O.P., X.O., Napoléon & Co.

Nackte Zahlen über das Alter wird der Cognac-Freund nicht auf dem Etikett finden. Sie sind nicht erlaubt. Das Ergebnis ist ein Wirrwarr von mehr oder weniger nichtssagenden Begriffen und Abkürzungen, die nicht einmal ein erfahrener Cognac-Freund speichern kann. Sie tragen eher zur Verdunklung denn zur Erhellung bei. Zu den ungefähr 180 (!!) Altersangaben, die das Bureau National Interprofessionnel du Cognac zugelassen hat, zählen unter anderem

die folgenden, häufiger verwendeten Begriffe und Abkürzungen:
▷ **Mindestens zwei Jahre alt (compte 2):** *Trois (3) Etoiles, VS (very special), de Luxe, Sélection, Carte Blanche, Monopole, Prestige, Privilège, Qualité Spéciale, Diplomat, Anniversaire* sowie – als Zeichen – eins, zwei, drei, vier und fünf Sterne (☆, ☆ ☆, . . .).
▷ **Mindestens drei Jahre alt (compte 3):** *Cuvée Supérieure, Cuvée Tres Bonne, Grande Sélection.*
▷ **Mindestens vier Jahre alt (compte 4):** *V.S.O.P. (very special old pale), V.O. (very old), Vieux, Réserve.*
▷ **Mindestens fünf Jahre alt (compte 5):** *V.V.S.O.P. (very very special old pale), Grande Réserve, Réserve du Domaine, Réserve Supérieure, Réserve Maison.*
▷ **Mindestens sechs Jahre alt (compte 6):** *Napoléon, Extra, X.O., Royal, Très Vieux, Vieille Réserve, Grand Age, Grand Siècle, Age d'Or, Impérial, Sans Age, Très Rare.*

Wie undurchsichtig, wenig informativ und vor allem verwirrend die meisten dieser Angaben sind, läßt sich an folgendem Beispiel gut demonstrieren: Cognacs vom Konto 2 dürfen mit V.S.S. gekennzeichnet werden, Cognacs vom Konto 4 mit der Abkürzung V.V.S. Nur das Bureau National Interprofessionnel du Cognac, das auch für die Werbung und Öffentlichkeitsarbeit für Cognac verantwortlich ist, wird wissen, warum dem Käufer und Verbraucher solche Altersrätsel aufgegeben werden dürfen.

Im übrigen ist daran zu erinnern, daß sich hinter den Altersbezeichnungen in der Regel Erzeugnisse verbergen, die aus wesentlich älteren Cognacs verschnitten sind, als der jeweiligen Altersstufe und dem jüngsten Cognac entspricht. Ein Cognac mit der Angabe X.O. z.B. steht amtlich nur auf dem Konto sechs (mindestens sechs Jahre alt), doch enthält dieses Produkt oft Cognacs, die 30, 40 Jahre und älter sind.

Vintage Cognac – eine britische Spezialität

Seit 1962 ist es den Cognac-Häusern untersagt, Cognacs mit Jahresangaben auf den Markt zu bringen. Begründet wird das Verbot unter anderem mit dem Argument, Cognac sei in der Regel ein Verschnitt aus verschiedenen Jahrgängen – zur Pflege eines Erzeugnisses gleichen Typs und gleicher Qualität über viele Jahre hinweg (Markencharakter). Jahrgangsangaben widersprächen deshalb dem grundsätzlichen Charakter dieses Erzeugnisses.

Aber auch das Argument, die Behörden sähen sich nicht in der Lage, Cognac-Bestände über eine lange Zeit zu kontrollieren und damit die Jahresangaben amtlich zu bestätigen, spielt in diesem Zusammenhang eine Rolle.

Alte Cognac-Kenner mögen den Verlust dieser Spezialität bedauern, zumal einige kleine Cognac-Häuser gerade mit solchen Jahrgangs-Cognacs berühmtgeworden sind und Maßstäbe für die Cognac-Qualität gesetzt haben. Aber offenbar haben die französischen Kontrollbehörden den Glauben an den ehrbaren Kaufmann verloren, der mit seinem guten Namen für die Wahrheit auf dem Etikett haftet.

In Großbritannien dagegen lebt die Tradition des Jahrgangs-Cognacs, des *Vintage Cognac,* fort. Sie geht auf das letzte Drittel des vergangenen Jahrhunderts zurück, als sich der Geschmack auf der britischen Insel zu ändern begann: Nicht mehr die hochkaramelisierten dunklen Cognacs galten unter Kennern von nun als die hohe Schule, sondern eine Art, die bald unter dem Begriff early-landed, late-bottled in den Clubs favorisiert wurde. Hierbei handelte es sich um Cognacs, die ungefähr ein Jahr nach dem Destillieren schon (also frühzeitig nach dem Brennen, early) als Faßware nach London oder Bristol geliefert, dort in den Hafenlagerhäusern gehalten und viele Jahre später (late-bottled) in Flaschen gefüllt wurden.

Das feuchte englische Klima, dem die jungen Destillate ausgesetzt waren, veränderte die Cognacs in einer Weise, die sich vom Charakter der in der Charente gelagerten Produkte leicht – für Kenner aber durchaus spürbar – unterschied: Die »britischen Cognacs« waren vor allem etwas weicher. Und je länger die Cognacs in den Lagerhäusern an den Docks reiften, desto deutlicher wurde der Unterschied zu den Artgenossen in der Charente.

Nach Jahren der Reifezeit wurden die Cognacs dann abgefüllt und unter dem Namen des britischen Importeurs verkauft, wobei der Jahrgang und meist auch die Lagerzeit im Faß angegeben wurden. Da der Cognac unter Zollverschluß in den Lagerhäusern gehalten wurde, konnten die Jahrgangsangaben mit Hilfe der Zollpapiere recht gut überprüft werden.

Obwohl in der Zwischenzeit die Lagermöglichkeiten in den Häfen eingeschränkt worden sind und die jungen Cognacs nun oft in trockeneren Hallen aufbewahrt werden müssen (was sich nachteilig auf den Geschmack auswirkt, der Cognac wirkt nun strenger und stärker), verteidigen einige Importhäuser voll Überzeugung diese hundertjährige britische Tradition.

Der Vintage Cognac aus Großbritannien bereichert nach wie vor die große Palette der unterschiedlichen Cognac-Qualitäten. Die französischen Behörden, die in ihrem eigenen Land Cognacs mit Jahrgangsangaben verboten haben, verfolgen das Treiben der britischen Importhäuser mit Unmut. Sie sinnen auf Abhilfe – nach dem Motto: daß in England nicht sein kann, was in Frankreich nicht sein darf. Doch der wirksame Weg, der sich anböte, läßt sich (aus wirtschaftlichen Gründen) so leicht nicht gehen – nämlich ein Verbot des Cognac-Exports in Fässern und ein Zwang zur Flaschenfüllung im Herkunftsgebiet, also in der Charente. Noch immer wird fast ein Drittel des Cognacs im Faß exportiert.

Der zweite wesentliche Qualitätsfaktor für den Cognac – neben der Güte der Weine – ist das Alter. Dabei zählt aber nur die Lagerdauer im Eichenfaß. Ist der Cognac in die Flasche gefüllt, altert er nicht weiter. Wie lange der Cognac im Faß gelagert worden ist, darf auf dem Etikett vermerkt werden, wofür zahlreiche Umschreibungen gelten: Dreistern zum Beispiel, V.S.O.P., Napoléon oder X.O.

Das richtige Cognac-Glas und andere Empfehlungen

Auch wenn es noch so rund und wohlgefällig in der Hand liegt, auch wenn sich seine Form noch so harmonisch in die Stilmöbel-Seeligkeit einfügt: das Ballonglas, der beliebte Cognac-Schwenker, ist kein Freund der wahren Cognac-Kultur. Denn das Ballonglas mit seinem unvorteilhaft hohen Luftvolumenanteil wirkt wie ein Schornstein; es läßt innerhalb kürzester Zeit das Beste aus dem Glas entweichen, das den Cognac so unvergleichlich macht: das zarte, feine und nuancenreiche Bukett.

Fauxpas mal zwei: erwärmtes Ballonglas

Noch schlimmer wird die ballonförmige Unkultur, wenn dieses Glas vor dem Einschenken mit einer Kerze oder ähnlichen Energiequellen erwärmt wird, wobei das Glas womöglich noch in ein schmiedeeisernes oder messingähnliches Gestell eingehängt wird. Denn die Erwärmung des Glases verstärkt den Schornsteineffekt noch, den allein schon die Form des Ballonglases auslöst: Das Aroma leidet, und die ersten feinen, aber flüchtigen Duftstoffe verfliegen wie der Wind. Zurück bleibt zwar noch ein ganzer Strauß von Aromen, doch das Beste hat sich schnell in Luft aufgelöst.

Außerdem weckt das erwärmte Glas im Cognac unnötigerweise jene Aromastoffe, die grundsätzlich jeder Spirituose eigen sind, die allenfalls aber daran erinnern, daß sich Alkohol im Glas befindet. Auch wenn der Oberkellner mit noch so feierlich-ernster Miene den Geist im vorgewärmten Glas beschwört: es wird nicht viel mehr kommen als strenge, heiße Luft.

Zuweilen allerdings steht die Sache mit dem erwärmten Glas im Dienst eines faulen Tricks. Denn auf diese Weise wird versucht, Erzeugnissen von bescheidener Qualität wenigstens einen Hauch von Duft zu entlocken. Aber die Prozedur geht meistens schief; denn was dem Glas entweicht, ist nicht gerade die edelste Seite des gebrannten Weines. Edle Cognacs sind auf solche »Hilfen« nicht angewiesen, wohl aber genügend andere Erzeugnisse, die nur durch das scheinbar üppige Bukett, das durch das Erwärmen des Glases frei wird und das über den Mangel an Raffinesse und Feinheit hinwegtäuscht, lebensfähig sind und ihre Liebhaber finden.

Das ideale Cognac-Glas ähnelt dem Sherry-Glas

Das alles zwingt natürlich zu der Frage nach dem richtigen Glas und der idealen Trinktemperatur. Für die Kellermeister und Verschnittexperten, die den Cognac zu ihrem Beruf gemacht haben, ist die Frage schnell beantwortet: Das ideale Cognac-Glas ist das dem Sherry-Glas ähnliche, wenn es auch – im Vergleich zu jenem – etwas bauchiger ist und am Rand einen weiteren Durchmesser hat.

Es sollte ziemlich geradlinig und ausreichend hoch sein und allenfalls zu einem Drittel mit Cognac gefüllt werden. Wenn sich nämlich das Bukett optimal entfalten soll, muß genügend (aber wiederum nicht zu viel) Luft über dem Cognac im Glas stehen können. Denn der Kontakt des Cognacs mit der Luft, der durch leichtes, kreisförmiges Drehen des Glases intensiviert werden kann, ist eine wesentliche Voraussetzung für die Freisetzung der unterschiedlichen Duftstoffe – wobei unbedingt darauf zu achten ist, daß »leichtes« Drehen auch wirklich »leicht« bleibt. Schütteln und temperamentvolles Schwenken verkürzt den Genuß in gleicher Weise wie das Ballonglas mit seinem zu großen Luftvolumen und seiner Sogwirkung.

Optimale Trinktemperatur

Für die richtige Trinktemperatur gilt ungefähr die Faustregel: Zimmertemperatur. Doch sollte man dabei (zumindest während der Heizperiode) beachten, daß heute im allgemeinen die Zimmer überheizt sind; Zimmertemperaturen sind also kein verläßlicher Maßstab mehr. Die Temperaturen sind im Durchschnitt jedenfalls höher als zu jenen Zeiten, da die Zimmertemperaturregel »erfunden« worden ist. Insofern ist es sicherer, sich an die genauen Temperaturangaben der Experten zu halten, die etwa 17 bis maximal 20 Grad Celsius empfehlen.

Im Zweifelsfall wird es immer besser sein, den Cognac eher kühl als warm zu probieren und zu trinken. Denn schnell verfliegen die leichten, feinen Duftstoffe wegen zu hoher Temperaturen im Glas. Im übrigen zeigt ein hochwertiger Cognac auch bei niedrigen Graden, von welcher Klasse er ist. Er ist nicht auf die bukettentfaltende (Zimmer-)Temperatur angewiesen. Im Gegenteil, seine Feinheiten offenbaren sich am besten, wenn bei niedrigen Temperaturen die barocken Duftstoffe noch schlummern und die duftige Eleganz daher noch nicht übertönt ist.

Manche Cognac-Liebhaber nutzen diese Beobachtung (übertreibend) zuweilen insofern, als sie den Cognac einer »Eisprobe« unterziehen: Sie geben dem Cognac ein kleines Stückchen Eis zu – in der Hoffnung, die Feinheiten und Bukettnuancen auf diese Weise besser entdecken zu können. Manche Hersteller empfehlen auch, das Glas beim Probieren etwa ein bis eineinhalb Handbreit von der Nase wegzuhalten; denn die Nase unmittelbar in das Glas zu stecken, bedeute, daß man zuviel Aromastoffe auf einmal aufnehme und nicht mehr richtig differenzieren könne.

Richtige Aufbewahrung der Cognac-Flasche

Wenn der Cognac das Faß verlassen hat und abgefüllt ist, hört seine Entwicklung auf. Er reift nicht weiter, er wird nicht besser. Er bleibt auf dem Qualitäts-(Reife-)Niveau stehen, das er zum Zeitpunkt der Füllung erreicht hatte; es gibt keinen Qualitätszugewinn. Im Gegenteil, bei unsachgemäßer Aufbewahrung wird er an Güte eher verlieren. D.h. natürlich nicht, daß er in der Flasche nicht gelagert werden könnte. Hohe Anforderungen stellt er dabei nicht –

im Gegensatz zum Wein, der in der Flasche weiterlebt, der sich noch entwickeln kann.

Ein kühler Raum genügt für die Aufbewahrung; es muß nicht immer der Keller mit Temperaturen von 8 bis 12 Grad Celsius sein. Nur eines sollte man ernsthaft bedenken: Die Qualität leidet, wenn die Cognac-Flasche in der Nähe einer Wärmequelle aufbewahrt wird oder wenn die Temperaturen zu häufig oder zu heftig schwanken. Und noch etwas muß beachtet werden: Die Cognac-Flasche darf nie liegend aufbewahrt werden; denn der Alkohol würde den Korken angreifen und damit die Qualität gefährden. Die Cognac-Flasche sollte immer stehen.

Das Risiko, daß dabei der Korken – zum Schaden des Inhalts – austrocknen könnte, kann der genußfreudige Cognac-Liebhaber minimieren, wenn er den Cognac als Genußmittel für den baldigen Verzehr bewertet und nicht als Spekulationsobjekt (das er ohnehin kaum noch sein kann, seit in Frankreich der Jahrgangs-Cognac verboten ist) oder wenn er den Korken der Flasche mit Siegellack fest verschließt.

Cognac ist kein Wein; er wird in kleinen Portionen konsumiert. Daß eine geöffnete Flasche an einem Abend nicht vollständig geleert wird, dürfte also häufiger vorkommen als Cognac-Orgien, die eine oder gar mehrere Flaschen kosten. Doch eine nur teilweise geleerte Flasche ist kein Unglück; Cognac kann nach dem Öffnen der Flasche durchaus ein paar Monate ohne Qualitätsverlust aufgehoben werden (aber nicht im Kühlschrank!).

Nur sollte man unbedingt davon absehen, diese Zeit unnötig zu überziehen, etwa auf mehr als ein halbes Jahr oder gar auf mehrere Jahre – wobei der Cognac dann womöglich noch in schweren geschliffenen Bleikristallkaraffen in der Vitrine aufbewahrt wird. Die Empfehlung, die geöffnete Cognac-Flasche nicht zu lange unberührt stehen zu lassen, gilt erst recht, wenn die Flasche schon ziemlich weit geleert ist, wenn also im Vergleich zum restlichen Cognac der Anteil des Sauerstoffs in der Flasche relativ hoch ist. Der Sauerstoff wirkt sich in jedem Fall nachteilig auf die Güte des Cognacs aus – wenn auch wegen des Alkoholgehalts von (in der Regel) 40 Volumenprozent weniger schnell als z.B. beim Wein.

Qualitätsprüfung: Farbe und Bukett

Die Frage, wie man die Qualität eines Cognacs erkennen kann, läßt sich an Hand einiger Kriterien annähernd beantworten. Zunächst ist die Farbe zu prüfen: Sie soll weder zu dunkel noch zu blaß sein. Ein guter Cognac schillert im Glas im allgemeinen klar und bernsteinfarben. Dann wird das Bukett getestet: Es soll feinaromatisch und duftig sein, nicht streng und nicht zu wuchtig. Es gilt die generelle, wenn auch etwas verallgemeinernde Formel: Für das Cognac-Erlebnis ist der Geruch im allgemeinen wichtiger als der Geschmack. Denn die Nuancen in den Duftstoffen verraten eher als das Aroma, wes Geistes Kind der Cognac ist (für den deutschen Weinbrand gilt im allgemeinen der Umkehrschluß dieser Regel).

Cognac soll mild schmecken, er soll zugleich aber Körper haben – also die langsam sich entfaltende Kraft in Verbindung mit der Stärke des Aromas. Er darf am Gaumen nicht »brennen«, er darf nicht »kratzen« oder gar an altes Holz gemahnen. Und vor allem soll der milde Geschmack lang in Erinnerung bleiben, wobei manche Cognac-Liebhaber auf einen einfachen Test schwören: Sie lassen das leere Cognac-Glas mehrere Tage stehen und prüfen dann, ob von den Bukett- und Aromastoffen noch etwas zu spüren ist. Denn ein guter (alter) Cognac behauptet sich mit seinem Bukett und Aroma noch nach Tagen im leeren Glas.

Medizinisch-therapeutische Wirkungen umstritten

Ähnlich wie die Weintrinker erinnern auch die Cognac-Freunde zuweilen daran, daß diesen Genußmitteln nicht nur Sinne weckende, sondern auch therapeutische Kräfte innewohnen. Dem Cognac werden wie dem Wein allerlei gute Wirkungen angedichtet – vor allem auch unter Hinweis darauf, daß der gebrannte Wein vor Jahrhunderten schlicht als Medizin in den Apotheken verkauft worden ist. Und nach dem Motto »Die Alten wußten schon, was gut ist« vertrauen manche darauf, daß der Cognac in der Tat auch als Heilmittel seine Dienste tut. Er fördere die Nierenfunktion und die Verdauung (da er z.B. die Produktion der Magensäfte anrege), er wirke schmerzstillend bei arthritischen Beschwerden, er zeige positive Wirkungen bei Beschwerden, die auf Bluthochdruck oder Arteriosklerose zurückzuführen seien, er beuge Erkältungen vor, er helfe bei Erkrankungen der Atemwege, er sei gut gegen Fieber, er wirke gegen Gicht und Asthma, er könne dem Herzinfarkt vorbeugen und dergleichen.

Natürlich sind die Cognac-Häuser (aber auch andere

Spirituosenhersteller) schnell bei der Sache, wenn Wissenschaftler und Quacksalber medizinisch positive Wirkungen des Alkohols entdeckt haben wollen. Sie fallen erfreut in den (absatzstimulierenden) Chorus ein, wenn sie auch – und soviel Scham muß offenbar sein – stets daran erinnern, daß all das Gute nur gilt, wenn die Regel »nur in kleinen Dosen« beherzigt wird.

Vielleicht wird dem Cognac-Freund – wenn er den gebrannten Wein in normalen (d.h. in kleinen) Mengen genießt – in der Tat auch etwas (therapeutisch) Gutes widerfahren. Doch sollte man den Cognac doch eher als das erleben und sehen, was er eigentlich ist: als ein außergewöhnlich feines Genußmittel, das bei mäßigem Genuß die – wie es heute heißt – Lebensqualität hebt.

Welche Blüten die Cognac-Gesundbeterei manchmal treibt, zeigt eine angeblich wissenschaftliche Untersuchung aus Skandinavien. Ein Professor will dort festgestellt haben, daß ein alter Cognac, vor allem ein V.S.O.P., eine weit stärkere gefäßerweiternde Wirkung hat als ein junges Destillat. Und daraus müßte dann geschlossen werden, daß die therapeutische Wirkung des Cognacs nicht nur dem Alkohol zuzuschreiben sei, sondern all den Elementen, die während der Faßreife hinzuträten. Außerdem wirke der Cognac nicht einmalig und kurzfristig; die Wirkung erstrecke sich vielmehr auf eine längere Zeit. Die medizinische Anwendung sei damit gerechtfertigt.

Die Cognac-Häuser werden sich über diese professorale Empfehlung zur Langzeittherapie sicherlich gefreut haben – vor allem wohl jene, die sich auf V.S.O.P.-Cognac spezialisiert haben. Und so ist es auch kein Wunder, daß auf diese Studie zuerst ein Hersteller aufmerksam gemacht hat, der für seine V.S.O.P.-Ware in aller Welt bekannt ist.

Trinkanlässe und Trinkgewohnheiten

Daß Cognac seit alters her nach einem »guten Essen« oft als Digestif getrunken wird, mag ein Hinweis auf eine tatsächliche oder vermutete verdauungsfördernde Wirkung sein. Es kann sich aber ebensogut um einen schlichten traditionellen Ritus handeln, der auf einer Erfahrung beruht – auf der Beobachtung vielleicht, daß ein Cognac nach dem Essen besonders gut schmeckt. Rund 70 Prozent des gesamten Cognacs werden auf diese Weise und bei diesem Anlaß noch immer konsumiert. Allerdings hat sich die Zahl der Trinkanlässe inzwischen vermehrt.

So wird Cognac als Genußmittel häufig in eine passive Rolle gedrängt, er wird mit anderen Getränken zum Longdrink verdünnt: mit Mineralwasser (mit und ohne Kohlensäure), mit Coca-Cola, mit Soda, mit Schweppes, mit Ale, mit Orangensaft, mit Pfefferminzsirup, mit Milch. Manchmal aber kann der Cognac auch den aktiven Teil in der Mixtur übernehmen.

Zu welcher Gelegenheit und in welcher Form auch immer der Cognac heute getrunken wird: das Altherren- und Ledersessel-Image jedenfalls hat er abgelegt. Die ehemals strengen Konsumregeln haben sich gelockert, der Kreis der Konsumenten hat sich erheblich erweitert.

Vielfach lassen sich Konsumgewohnheiten regional und national abgrenzen. Die Deutschen z. B. trinken ihn weitgehend noch immer nach dem Essen – zusammen mit Kaffee, bei einer Zigarre oder Zigarette. Die Amerikaner sehen den Cognac zwar ebenfalls noch als wirksamen Digestif, trinken ihn aber ebensogut auf Eis oder als Longdrink. Auch die Iren konsumieren ihn als Longdrink; sie dehnen den Konsum aber häufig auf den ganzen Tag aus. Für die Japaner ist der Cognac ein willkommenes Prestige- und Bargetränk, für das in entsprechenden Restaurants Preise bis zu 800 Mark (meist auf Geschäftskosten) bezahlt werden. Und die Chinesen sehen in dieser Spirituose ein alkoholisches Getränk, das sich nicht nur als Digestif oder Apéritif, sondern auch als Begleiter zum Essen eignet: Sie trinken ihn, mit Wasser verdünnt, zu nahezu allen Gängen.

Daß sich der Cognac auch in der Küche einen festen Platz erobert hat, beweisen die unzähligen Kochrezepte. Allerdings unterscheiden sich diese Kreationen oft nur in unbedeutenden Details voneinander; wirklich Kreatives ist nur selten zu entdecken. Dennoch, in der Küche sollte der Cognac keinesfalls fehlen, hier kann er oft wirksam zum guten Geschmack beitragen. In manchen Spitzenrestaurants Frankreichs werden zuweilen ein bis zwei Flaschen Cognac täglich »verkocht« – oft nicht die billigsten.

Für den richtigen Cognac-Genuß gelten einige einfache Regeln: kein voluminöses Ballonglas verwenden, sondern das dem Sherryglas ähnliche Glas; Trinktemperatur zwischen 17 und maximal 20 Grad Celsius; die Cognac-Flasche nie liegend aufbewahren (denn der Alkohol würde den Korken angreifen); der Geruch ist für das Cognac-Erlebnis im allgemeinen wichtiger als der Geschmack.

Cognac – Märkte und Zahlen

Man kann die Sache auf zweierlei Weise sehen: volkswirtschaftlich oder aus der Sicht der einzelnen Beteiligten. Das eine interessiert die Volkswirte, die Währungspolitiker und Handelsbilanzstrategen, das andere die vielen tausend Aktiven, die dafür sorgen, daß Cognac entsteht, daß er verkauft wird, daß die Unternehmer und die Mitarbeiter von dem Geschäft leben können.

Cognac – Frankreichs Lebens- und Genußmittelexportgut Nr. 1

Aus der Sicht der Makroökonomen ist der Warenposten Cognac in seiner Bedeutung schnell erkannt: Da über 90 Prozent des Cognac-Handels zu Exporten führen, nehmen der französische Staat und die Nationalbank in Paris aus dem Cognac-Geschäft jährlich beträchtliche Summen an Devisen ein – zuletzt fast 7 Milliarden Franc. Welche Bedeutung diese absolute Zahl hat, wird deutlich, wenn man sich das jüngste französische Handelsbilanzdefizit von 33 Milliarden Franc in Erinnerung ruft. D. h., die gewaltige Lücke in der französischen Handelsbilanz, die den Währungs- und Wirtschaftspolitikern aller Schattierungen seit vielen Jahren Sorgen bereitet, wäre noch erheblich größer (nämlich um 21 Prozent), gäbe es den Cognac nicht. Cognac allein stellt 70 Prozent des gesamten französischen Spirituosenexports; er steht auf der Exportliste der französischen Lebensmittel- und Genußmittelindustrie an erster Stelle.

So eindrucksvoll diese globale Zahl auch ist: Über die zahllosen Zusammenhänge, die einzelnen Entwicklungen und Veränderungen vermag sie nichts auszusagen; vor allem ist sie für jede Analyse der Ursachen und Wirkungen unbrauchbar. Sie repräsentiert lediglich ein Ergebnis. Wenn man dem Wirtschaftsobjekt Cognac in seiner Bedeutung für die Region, für die Handelnden, für die Märkte und Konsumenten auf die Spur kommen will, hilft nur die Basisarbeit weiter – die Beschäftigung mit der lebendigen Wirklichkeit, sei sie zum Teil auch schon Bestandteil der jüngeren Geschichte.

Wie viele Leute ihren Lebensunterhalt – und sei es auch nur indirekt – mit dem Cognac verdienen, läßt sich nicht exakt ermitteln. Ihre Zahl dürfte fast die Marke von 100 000 erreichen – Winzer und Destillateure gehören dazu, Shipper und Küfer, Spediteure und Transportleute, Flaschen- und Korkenlieferanten.

Aber es gibt Statistiken oder verläßliche Schätzwerte über jene Personen, die direkt an der Ware Cognac mitarbeiten. Die Gruppe der Winzer z.B. wird zahlenmäßig auf rund 35 000 geschätzt. Nicht alle von ihnen stellen Wein für die Cognac-Brennerei her (einige begnügen sich mit der Produktion von Tafelwein), doch etwa neun von zehn

Wenn Cognac in die Flasche abgefüllt ist, entwickelt er sich nicht weiter. Dafür kann er – bei sachgemäßer Lagerung – viele Jahrzehnte ohne größeren Qualitätsverlust überleben.

Alte Flaschen, die hundert Jahre und länger in tiefen, dunklen Kellern gelegen haben, bezeugen immer wieder aufs neue, daß der Cognac stets als etwas Besonderes geschätzt und liebevoll gepflegt worden ist.

Winzern arbeiten in irgendeiner Weise für die gemeinsame Sache, den Cognac. Rund 2 000 Winzer besitzen die Erlaubnis zum Brennen. Das ist also jener Kreis von Produzenten, der den Weinstock pflegt, der den Wein herstellt, der den Wein destilliert und der das junge Destillat schließlich auch lagert. Und wiederum 140 Kleinunternehmer aus diesem Kreis verkaufen den Cognac am Ende dann auch – zum Teil oder vollständig – als Fertigware, als Cognac.

Die Cognac-Anbieter

Das Bureau National Interprofessionnel du Cognac unterteilt die Gruppe der Cognac-Anbieter in drei Klassen: Da sind erstens die *bouilleurs de cru* (Weinproduzenten, die selbst destillieren oder bei gewerblichen Destillerien brennen lassen, die den jungen Cognac dann altern, auf Vorrat halten und ihn zum Teil selbst am Markt verkaufen), dann die *bouilleurs de profession* (Destillateure, die aber keine Bestände halten dürfen; sie brennen für die bouilleurs de cru oder verkaufen die Destillate an die Cognac-Häuser, an die sogenannten *Shipper*) und dann die Cognac-Häuser (auch Shipper oder Produzenten genannt).

Cognac-Wirtschaft – nicht nur glanzvolle Zeiten

Die Bedeutung, der sich die Cognac-Wirtschaft heute erfreut, hat keinesfalls eine lange Tradition. Sicher, es gab stets Höhepunkte und glanzvolle Zeiten; doch gemessen an den nackten Verkaufszahlen läßt sich von dem großen

Cognac-Zeitalter eigentlich erst nach dem Zweiten Weltkrieg sprechen – nach der allmählichen Überwindung der Kriegsfolgen Ende der 50er Jahre.

Hat die Produktion während der ersten fünf Jahrzehnte in diesem Jahrhundert allenfalls 20 bis 40 Millionen Flaschen jährlich erreicht, setzt zu Beginn der 60er Jahre eine Aufschwungphase ein, die nicht nur in ihrer Dauer, sondern auch mit ihrem Niveau die früheren Rekorde aus dem vergangenen Jahrhundert bei weitem übertrifft.

Anfang der 60er Jahre überspringt die Cognac-Produktion nach über 100 Jahren erstmals wieder die Marke von 100 Millionen Flaschen und erreicht 1973/74 einen vorläufigen Höchststand mit 265 Millionen (nach dem Rekord im Absatz 1972 mit 114 Millionen). Das Produktionsvolumen in den Jahren vor der Reblauskatastrophe (umgerechnet knapp 110 Millionen Flaschen) wird damit um deutlich mehr als 100 Prozent übertroffen. In gleicher Weise hatte sich – als Auslöser dieser Produktionssteigerung – die Nachfrage in aller Welt erhöht (über 20 Jahre hinweg), so daß der Cognac (zunächst) auch mühelos abgesetzt werden konnte.

Auf doppelte Weise ist die Produktion in diesen Jahren der wachsenden Nachfrage angepaßt worden. Zum einen haben die Winzer und Cognac-Häuser ihre Weinanbauflächen ausgeweitet – von insgesamt 60 000 Hektar 1960 auf fast 108 000 Hektar Mitte der 70er Jahre (damit lag die Fläche aber immer noch deutlich unter der Vorreblauszeit mit fast 300 000 Hektar). Zum anderen – und das ist die eigentliche Ursache der Mehrproduktion – sind die Erträge je Hektar (durch verbesserte Anbau- und Kellermethoden) deutlich gesteigert worden: Sie lagen Mitte der 70er Jahre doppelt so hoch wie 100 Jahre zuvor.

Der Erfolg auf den Märkten der Welt war so reibungslos geglückt, daß die Erzeuger in der Charente nicht bemerkten, daß schwarze Wolken am Cognac-Himmel aufzogen. Heute wird der Einbruch nach dem Absatzrekordjahr von 1972 und dem darauffolgenden Produktionsrekordjahr von 1973/74 vor allem mit der wirtschaftlichen Flaute nach der ersten Ölkrise und dem Nachfragerückgang in den Vereinigten Staaten erklärt. Das ist zum guten Teil sicherlich richtig. Doch ist noch eine andere Kraft wirksam gewesen: die beginnende Marktsättigung in den traditionellen Absatzgebieten.

Diese Entwicklung, die bald auch auf anderen Spirituosenmärkten zu beobachten gewesen ist, hat dann doch einige verantwortungsvolle Seelen gemahnt, die bisherige Produktionspolitik zu überdenken und zu korrigieren. Es wurde über einen Anbaustopp diskutiert, der am Ende – nach manch heftigen Widerständen (und mit Unterstützung der Kommission in Brüssel) – auch durchgesetzt werden konnte. Außerdem wurde den Winzern, die sich bereit erklärten, auf Rebflächen endgültig zu verzichten, eine Rodungsprämie versprochen (und von Brüssel gezahlt). Und schließlich destillierte der Staat Übermengen auf Kosten der Steuerzahler, um die Situation einigermaßen zu glätten und den Weinproduzenten wenigstens zu einer kleinen zusätzlichen Einnahme zu verhelfen.

Daneben versuchten die Betroffenen sowie die Wein- und Cognac-Funktionäre, einen Teil des überflüssigen Weins in andere Verbrauchskanäle zu lenken: Man sprach voll Entzücken plötzlich vom »Landwein« der Region und ermunterte die Konsumenten, ihr Verbraucherglück auch beim »Pineau des Charentes«, einer Spezialität auf Cognac-Basis, zu suchen. Einige Winzer gingen schließlich den eigenen, den direkten Weg: Sie suchten den unmittelbaren Kontakt zum Verbraucher und übten sich in der mühsamen Cognac-Direktvermarktung.

Nach dem Verkaufsrekord von 1972 und der folgenden Flaute dauerte es fünf Jahre, bis wieder Belebung im Markt zu spüren war. Der Absatz erhöhte sich erstmals wieder leicht 1978, blieb aber mit 136 Millionen Flaschen weiter unter dem Rekord von 1972. Erst 1979 konnte die verkaufte Menge deutlich um fast 12 Prozent gesteigert werden, und zwar gleich auf eine neue Rekordmarke: auf 152 Millionen Flaschen. Die gute Entwicklung hielt an, doch das Spitzenergebnis konnte über mehrere Jahre nicht wieder erreicht werden (wenn auch 1981 der Absatz mit mehr als 151 000 Flaschen dem Rekord nahegekommen war).

Im Jahre 1987 war es dann aber soweit: In Frankreich und auf den Weltmärkten wurde soviel Cognac verkauft wie noch nie zuvor. Der Absatz stieg auf umgerechnet fast 162 Millionen Flaschen. Aber noch ehe die Cognac-Macher ihr Glück begriffen hatten, meldeten die Marketingstrategen bereits ein neues Spitzenergebnis: 168 Millionen Flaschen für 1988, wovon rund 94 Prozent exportiert worden sind. In dieser Zahl (wie auch in den zuvor genannten Mengenangaben) ist allerdings nicht nur der Cognac enthalten, der direkt getrunken wird, sondern auch jene Mengen, die in andere Produkte eingehen (»Pineau des Charentes«, Liköre, Früchte in Cognac, Brennwein für andere Weinbrandhersteller). Der Anteil des nicht zum Direktverbrauch bestimmten Cognacs liegt bei ungefähr 15 Prozent.

Doch trotz dieser rasanten Absatzentwicklung in den 80er Jahren und trotz der Einschränkung der Weinanbaufläche auf 80 000 Hektar (wodurch zugleich die Produktion gesunken ist – gegenüber dem Rekordjahr 1972 um umgerechnet rund 100 000 Flaschen), ist die Situation noch keineswegs bereinigt. Die kostenträchtigen Lagervorräte sind mit ungefähr einer Milliarde Flaschen noch immer beträchtlich. So verwundert es auch nicht, daß die Offiziellen im Cognac-Gewerbe trotz der Absatzsteigerungen in den letzten Jahren noch keine Entwarnung gegeben haben.

Marktsättigung auf traditionellen Märkten

Aber es sind keineswegs nur die hohen Lagervorräte, die zur Vorsicht mahnen. Gefahr droht auch von veränderten Konsumgewohnheiten. Die traditionellen Spirituosenmärkte senden seit Jahren Impulse aus, die eindeutig auf Sättigung schließen lassen. Das Spirituosengeschäft ist schwierig geworden, Wachstumsreserven sind nicht zu entdecken. Zwar können immer wieder Sonderbewegungen beobachtet werden (die eine Spirituosengattung gewinnt, die andere verliert), doch insgesamt stagniert der Markt. Selbst die Nachfrage in den Vereinigten Staaten, dem Spirituosenmarkt der einstmals unbegrenzten Möglichkeiten, zeigt Ermüdungserscheinung.

Immer mehr Verbraucher schließen sich offenbar einer Bewegung an, die vom Hochprozentigen, zuweilen sogar vom Alkohol generell, wegführt. Schwächer alkoholische Getränke werden favorisiert – vorwiegend aus gesundheitlichen Gründen, aber ganz offensichtlich auch aus einer hysterisch-modischen Haltung heraus. Spirituosen jedenfalls scheinen gegenwärtig nicht en vogue zu sein.

Das gilt wohlgemerkt zunächst nur für die traditionellen Märkte und ohne Rücksicht auf einige Ausnahmen. Im Cognac-Mutterland Frankreich und in den Vereinigten Staaten z.B. ist der Absatz 1988 um jeweils 10 Prozent zurückgegangen – in Frankreich auf 11 und in Amerika auf 30 Millionen Flaschen. Die Vereinigten Staaten sind aber mit Abstand der wichtigste Cognac-Exportmarkt geblieben. In der Bundesrepublik Deutschland und in Großbritannien, in den beiden bedeutendsten Abnehmerländern in der Europäischen Gemeinschaft, hat sich der Absatz im gleichen Jahr erhöht, doch läßt sich aus diesem Zuwachs noch nicht der Beginn einer neuen Aufwärtsentwicklung erkennen. Denn die Mengen, die 1988 in Großbritannien und Deutschland verkauft worden sind, haben diese Märkte schon in vorangegangenen Jahren verkraftet.

Neuer Cognac-Markt: Asien

Was den Cognac-Herstellern auf angestammten Märkten in letzter Zeit verlorengegangen ist, das haben sie auf neuen Märkten allerdings wettmachen können. Das Stichwort heißt Asien. In den 70er Jahren ist Asien als der große Markt der Zukunft entdeckt worden, wenn auch einige Häuser schon vor dem Zweiten Weltkrieg dort aktiv gewesen sind (Hennessy oder auch Rémy Martin). Alle Cognac-Häuser von Bedeutung sind inzwischen auf den asiatischen Märkten präsent, wobei Hongkong, Japan, Singapur und Malaysia in der Hitliste weit oben stehen; derzeit werden dorthin jährlich schon 31 Millionen Flaschen geliefert – d. h., eine etwas größere Menge als noch in das Exportland Nummer eins, in die Vereinigten Staaten. Insgesamt werden derzeit nach Asien (umgerechnet) ca. 43 Millionen Flaschen (davon 80 Prozent als Flaschen- und 20 Prozent als Faßware) exportiert – wobei noch zu beachten ist, daß auf diesen Märkten die qualités supérieures, die besten und renditeträchtigen Qualitäten, inzwischen die Hauptrolle spielen.

Top-Cognac-Importeur USA

Auf der Liste der sechs wichtigsten Cognac-Märkte (jeweils über zehn Millionen Flaschen) haben sich Japan und Hongkong inzwischen fest etabliert. Japan hat sich gar schon auf den zweiten Platz hinter den Vereinigten Staaten vorgeschoben. Und Hongkong (dieser Markt ist aller Erfahrung nach jedoch zuweilen starken Schwankungen unterworfen) ist auf Platz vier vorgerückt. So ergibt sich für 1988 die folgende Rangfolge: Vereinigte Staaten (30,3 Millionen Flaschen), Japan (18,4), Großbritannien (17,2), Hongkong (11,63), Bundesrepublik Deutschland (11,60) und Frankreich (10,7 Millionen Flaschen).

Die Zukunft gehört den Spitzen-Cognacs

Wenn auch auf einigen Märkten von Gewicht die einfachen Qualitäten überwiegen, scheint die Zukunft doch den

Cognacs der gehobenen und der Spitzenklasse zu gehören. Das Bureau National Interprofessionnel du Cognac hat das auch klar erkannt. Es warnt vor einer Qualitäts- und Preispolitik, die nach unten gerichtet ist, da auf diese Weise eine Spirale ausgelöst werde, die letztlich auf einem dem Cognac nicht mehr würdigen Niveau enden müßte. In den hochentwickelten Ländern steige die Nachfrage nach teuren und qualitativ hochwertigen Produkten unaufhörlich; der Cognac werde diesem Zug selbstverständlich folgen. Allerdings sind noch genügend Mengen im Markt, die getrost der Gruppe »Billig-Cognacs« zugerechnet werden können (vor allem in den Vereinigten Staaten und Großbritannien).

Diese Tatsache, daß auf einigen Märkten noch immer Billig-Cognacs von Bedeutung sind, ist nicht nur eine Frage der Kaufkraft dort, sondern letztlich auch noch eine Folge der Überproduktion in den 70er Jahren. Sie hat als Ursache zugleich auch eine wettbewerbsbehindernde Preispolitik, die vom Bureau National Interprofessionnel du Cognac gestützt worden ist und die eine rechtzeitige Anpassung der Produktion an die Marktlage verhindert hat.

Das Bureau war nämlich seit 1964 dazu berechtigt, zu Beginn jeder Brennkampagne die Preise auf einem bestimmten Niveau festzulegen. Diese Preise durften nicht unterschritten werden – gleichgültig, wie sich die Nachfrage auf den Märkten entwickelte. D.h., trotz der Überproduktion wurden die Preise auf einem Niveau gehalten, das dem Angebot-Nachfrage-Verhältnis nicht mehr entsprach.

1984 untersagte der Europäische Gerichtshof in Luxemburg dann diese »cote interprofessionnelle«; die Preise mußten freigegeben werden. Die großen Häuser versuchten zwar, durch eine Art Preisempfehlung, durch »Referenzpreise«, das Preisniveau einigermaßen zu stützen und zu halten, doch die Winzer standen unter einem so starken finanziellen Druck, daß sie ihre jungen Cognacs 20 bis 30 Prozent billiger an Cognac-Häuser und andere Interessenten – auf dem sogenannten zweiten Markt – verkauften. Da viele Häuser und Händler ebenfalls unter hohen Beständen zu leiden hatten, wurde Ware oft zu niedrigen Preisen angeboten, um die teuren Lager zu entlasten. Die Folge war eine Flut von Billig-Cognacs, die vor allem nach Großbritannien, in die Vereinigten Staaten, aber auch nach Deutschland, ihren Weg nahmen. Inzwischen, wird in Cognac beteuert, habe sich der Markt so gut erholt, daß die Preise auf dem »zweiten Markt« wieder zu steigen begännen. Es träten zuweilen schon wieder Engpässe ein; die Billig-Shipper hätten Schwierigkeiten, genügend Ware für ihre Cognac-Marken aufzukaufen.

Deutscher Cognac-Markt: Qualität auf dem Vormarsch

Die Bundesrepublik ist für die französischen Cognac-Häuser seit vielen Jahren ein guter Kunde. Schon bald nach dem Krieg, praktisch parallel mit der wirtschaftlichen Renaissance, ist das Interesse der Deutschen an diesem französischen Edelprodukt wiedererwacht. Der große Ruf, den der Cognac immer in Deutschland genossen hat, weckt auch bei der Nachkriegsgeneration Aufmerksamkeit. In gleicher Weise, wie sich der Cognac-Markt international entwickelte, konnte sich Cognac auch in Deutschland etablieren, und zwar auf einem so hohen Niveau, daß der Markt der Bundesrepublik bald zu den wichtigsten Exportmärkten zählte.

Allerdings ist der Cognac-Markt in Deutschland in den letzten Jahren nur noch hinter dem Komma gewachsen (derzeit 11,6 Millionen Flaschen). Der Export nach Deutschland hat sich zwar von seinem Absturz 1974 (nur noch 6,4 Millionen Flaschen) gut erholt, aber mit großen Schritten kommt er derzeit nicht so recht voran. Von seinem bisherigen Rekord – 15,6 Millionen Flaschen 1971 – jedenfalls trennt ihn gegenwärtig noch ein beträchtliches Stück. Im Vergleich zum gesamten Spirituosenmarkt in der Bundesrepublik können die Cognac-Lieferanten aber immer noch zufrieden sein.

Hinzu kommt noch eine Entwicklung, die den Cognac-Häusern sicherlich nicht unsympathisch sein dürfte: Die Nachfrage nach besseren und hohen Qualitäten steigt ständig; der Markt der einfacheren Qualitäten, der Drei-Sterne- und VS-Cognacs (mindestens zwei, im Durchschnitt etwa fünf Jahre im Faß gereift), geht kontinuierlich zurück. Vor 15 Jahren haben die Drei-Sterne-(VS-)Qualitäten mit einem Absatzanteil von 82 Prozent in Deutschland noch eindeutig den Markt beherrscht (die V.S.O.P.-Cognacs lagen bei nur 11,5 Prozent, die teure X.O.-Ware gar nur bei 6,5 Prozent). Inzwischen entfällt auf die unterste Kategorie (Drei Sterne und dergleichen) nur noch ein Anteil von 55 Prozent (mit weiter abnehmender Tendenz), während die V.S.O.P.-Marken und alle dieser Altersbezeichnung gleichrangigen Cognacs inzwischen einen Marktanteil von mehr als einem Drittel erobert haben.

Legt man statt der Menge den Wert zugrunde, dann zeigt

sich die Bedeutung der höherwertigen Cognacs für das Cognac-Geschäft noch deutlicher: Die V.S.O.P.- und ähnliche Qualitäten haben jüngst dem Wert nach zum erstenmal einen Anteil von mehr als 50 Prozent erreicht. Das heißt, jede zweite Mark, die in Deutschland für Cognac ausgegeben wird, fließt in den V.S.O.P.-Markt.

Drei Marken ragen aus dem deutschen Markt hervor, wovon eine wiederum mit Abstand an der Spitze steht (Zahlen von 1988): *Rémy Martin* mit 3,4 Millionen Flaschen sowie *Hennessy* und *Martell* mit jeweils 1,6 Millionen Flaschen. Diese drei Marken allein bringen es also gemeinsam auf einen Marktanteil in Deutschland von knapp 60 Prozent. Die restlichen 40 Prozent verteilen sich auf etwa 30 weitere Cognacs von zum Teil hervorragendem Ruf, die allerdings (von der Menge her gesehen) bei weitem nicht an die drei großen Marken herankommen.

Das Bureau National Interprofessionnel du Cognac

Wo Nahrungs- und Genußmittel hergestellt werden, wird geregelt und kontrolliert. Und wenn es sich obendrein noch um landwirtschaftliche oder gar alkoholische Produkte handelt, schlagen die Gesetzemacher und die Bürokraten regelrecht zu. Die Betroffenen versuchen dann, durch eigene Verbände ihre Interessen zu wahren und Einfluß zu nehmen, sich ein gewisses Maß an Freiheit zu erhalten. Das ist in Frankreich nicht anders als in den übrigen Ländern, das gilt für den Cognac ebenso wie für den deutschen Korn – wobei in der Europäischen Gemeinschaft neben den nationalen seit Jahren nun auch noch die gemeinsamen Brüsseler Vorschriften beachtet werden müssen.

Die Organisation, die in Cognac für Ordnung sorgt, die kontrolliert und die Interessen der Cognac-Wirtschaft vertritt, ist das halbstaatliche Bureau National Interprofessionnel du Cognac. Die Geschichte dieser Institution ist einigermaßen kurios – jedenfalls insofern, als das Bureau gewissermaßen auf einen deutschen Vorläufer zurückgeht. Als nämlich während des Zweiten Weltkrieges die deutsche Besatzungsmacht daranging, die Cognac-Keller zu öffnen, und als die Gefahr wuchs, daß die Bestände dem deutschen Zugriff nicht lange würden standhalten können, kam es wider Erwarten zu einem Sieg der Vernunft: Die französischen und deutschen Behörden einigten sich auf die Gründung eines Büros, das mit Augenmaß die Verteilung des Cognacs übernehmen sollte. Dieses erste Bureau de Contact wurde dann bald in das Bureau de Répartition des Vins et Eaux-de-Vie umgewandelt, dem es dann in der Tat gelang, die Bestände einigermaßen zu schützen und zu bewahren. Und aus diesem Büro ging dann letztlich nach dem Krieg das neue Bureau National Interprofessionnel du Cognac hervor.

Dem Büro wurde 1947 die schon 1892 errichtete Forschungs- und Untersuchungsanstalt Station Viticole angegliedert, die sich bei der Überwindung der Reblauskatastrophe große Verdienste erworben hatte. Die Station Viticole sieht ihre Hauptaufgabe heute – neben der kontinuierlichen Überwachung der Produktion – in der Forschung und dem Experiment.

Das Bureau Interprofessionnel du Cognac, das von einem Vertreter der Regierung in Paris, einem Kontrolleur aus dem Finanzministerium, überwacht wird, arbeitet einerseits als Interessenorganisation der Winzer, Brenner und Cognac-Häuser. Andererseits muß die halbstaatliche Institution darauf achten, daß alles seinen rechten Weg geht. Alles, was zu kontrollieren ist, wird überwacht: der Ankauf der Weine und der jungen Destillate, das Brennen, die Lagerung, der Handel, der Transport, der Verkauf, die Herstellungsmethode und die Produktionsmenge.

Auf einen einfachen Nenner gebracht, sieht das Büro seine vorrangige Aufgabe in der Sicherung der Qualität und im Schutz des Cognacs in aller Welt. Es kann zu diesem Zweck den öffentlichen Stellen vorschlagen, was zu tun ist und welche gesetzlichen Bestimmungen erforderlich werden könnten. Das Büro ist – ähnlich wie die deutschen Industrie- und Handelskammern – ein Zwangsverband. Jeder, der mit der Cognac-Produktion zu tun hat (Winzer, Destillateur, Shipper) muß dieser Organisation als (zahlendes) Mitglied beitreten.

Ungefähr 170 Millionen Flaschen Cognac sind 1989 verkauft worden. Davon sind 94 Prozent in den Export geflossen. Während auf einigen klassischen Cognac-Märkten der Absatz seit einiger Zeit stagniert, erzielen die Cognac-Häuser auf neuen Märkten, vor allem in Asien, beachtliche Zuwachsraten. Im allgemeinen gilt: Der Verbraucher entscheidet sich immer mehr für hohe Qualitäten.

Cognac-Häuser und Cognac-Marken

Rund 200 Marken- und Cognac-Handelshäuser sind bekannt, von denen aber nur etwa 30 Anbieter von Bedeutung sind, diese 30 vermarkten mehr als 85 Prozent der gesamten Cognac-Produktion. Der Konzentrationsgrad, der sich hier zeigt, wird noch deutlicher, wenn man den Marktanteil zugrunde legt, den die 10 größten Häuser auf sich vereinigen: das sind rund 70 Prozent der gesamten Produktion.

Im folgenden sollen einige ausgewählte Cognac-Häuser bzw. -Marken etwas genauer vorgestellt werden.

Otard

In wenigen Jahren wird das Cognac-Haus *Otard* 200 Jahre alt. 1795 hatten der Weinbauer Jean Dupuy und der Grundbesitzer Jean-Antoine Otard de la Grange das Unternehmen gegründet. Die beiden Firmengründer waren so erfolgreich, daß sie bald das Château de Cognac, den ehemaligen Königssitz aus dem 15. Jahrhundert, kaufen konnten. Otard zählte zu Beginn des 19. Jahrhunderts dann zu den drei größten Häusern in Cognac. Seit 1986 ist Otard ein Teil des größten britischen Braukonzerns Bass PLC.

Im Château de Cognac mit seinen vorzüglichen klimatischen Bedingungen für die Cognac-Reife wird nach wie vor der edle Brand gelagert.

Aber nicht nur diese Besonderheit hebt Otard auf den ersten Blick von den Konkurrenten ab, auch die typische Otard-Flaschenform, einer Träne nachgebildet, ist zu einem Symbol für das traditionelle Cognac-Haus geworden.

Das Unternehmen hat keine eigenen Weinberge, die jährliche Produktion erreicht ungefähr zwei Millionen Flaschen. 92 Prozent der Produktion werden exportiert, davon allein über die Hälfte nach Asien.

In Deutschland (Importeur Henkell & Söhnlein Sektkellereien KG in Wiesbaden) werden vier Qualitäten angeboten: *Otard V.S.O.P. Fine Champagne* (mit einer Lagerzeit von deutlich mehr als 8 Jahren), *Otard Napoléon* (Durchschnittsalter: rund 15 Jahre) sowie *Otard XO* und *Otard Extra*. Die Cognacs der beiden Spitzenmarken XO und Extra sind – nach Angaben des Importeurs – 40 bis 60 Jahre alt.

Rémy Martin

Das Haus *Rémy Martin*, 1724 gegründet, ist heute der drittgrößte Cognac-Hersteller neben Hennessy und Martell sowie der führende Produzent von Fine-champagne-Cognac. Gut 20 Millionen Flaschen hat Rémy Martin jüngst jährlich abgesetzt – in mehr als 160 Ländern rund um den Erdball (womit das Cognac-Haus die Nummer drei auf dem Cognac-Markt ist). Rémy Martin war der erste Cognac in Deutschland, der die gehobene Qualität »Fine champagne« im großen Umfang marktreif gemacht hat. An der Ausnahmestellung dieser Cognac-Marke auf dem deutschen Markt hat sich bis heute nichts geändert. Rémy Martin hat 1989 mit 3,2 Millionen Flaschen in Deutschland einen neuen Absatzrekord erzielt.

Das Unternehmen – noch immer im Besitz zweier Familien: 51 Prozent bei Anne-Marie Hériard-Dubreuil (Renaud) und 49 Prozent bei Geneviève Cointreau (Renaud) – besitzt ungefähr 150 Hektar eigene Weinberge in der Spitzenlage grande champagne.

Auf dem deutschen Markt ist Rémy Martin mit folgenden Qualitäten vertreten (Importeur: Euromarken Import, Wiesbaden): *V.S.* (jeweils 50 Prozent grande und petite champagne; mindestens 5 Jahre im Faß), *V.S.O.P.* (55 Prozent grande und 45 Prozent petite champagne; 8 Faßjahre), *Club de Rémy Martin* (60 Prozent grande und 40 Prozent petite champagne; 12 Faßjahre), *Napoléon* (65 Prozent grande und 35 Prozent petite champagne; 15 Faßjahre), *XO* (75 Prozent grande und 25 Prozent petite champagne; 20 Faßjahre), *Extra* und *Cristal* (80 Prozent grande und 20 Prozent petite champagne; mindestens 30 Jahre alt) und *Louis XIII.* (100 Prozent grande champagne; 50 Jahre alt).

Bisquit

Das Cognac-Haus *Bisquit* ist 1819 von dem damals gerade 20 Jahre alten Republikaner Alexandre Bisquit gegründet worden. Der Erfolg stellte sich schnell ein: Alexandre Bisquit kann seinen Cognac bald nach England, Deutschland und Amerika verkaufen. Bisquits Nachfolger bauen das Unternehmen weiter aus; bis 1965 bleibt es im Besitz der Familien-Nachkommen. Dann erwirbt Paul Ricard (Pastis Ricard) das weithin bekannte Cognac-Haus (heute: Pernod-Ricard).

Ungefähr 4 Millionen Flaschen Cognac Bisquit werden jährlich verkauft, wobei 20 Prozent der Produktion in Frankreich bleiben. Der größte Teil des Absatzes entfällt auf Drei-Sterne-Cognacs. In Deutschland wird Bisquit von der Pernod/Ricard-Tochtergesellschaft IGM Importgesellschaft Großer Markengetränke, Koblenz, vertreten.

Auf dem deutschen Markt werden folgende Qualitäten angeboten: ☆ ☆ ☆ (ungefähr 4 bis 5 Jahre alt), *V.S.O.P. Fine Champagne* (9 bis 10 Jahre Faßlager), *Napoléon Fine Champagne* (25 Faßjahre) und *Extra Vieille* (45 Faßjahre). Das jüngste und zugleich älteste Kind des Hauses Alexandre Bisquit ist der Cognac *Privilège*. Dieser Cognac, verspricht das Unternehmen, sei aus über 100 Jahre alten Cognacs, ausschließlich aus der grande champagne stammend, hergestellt. Dieser Cognac kostet je Flasche ungefähr 2500 DM.

A. E. Dor

Dieses kleine Haus – 1858 von Amédée-Edouard Dor gegründet – hat einen großen Namen. Es gilt als Spezialist für alte und uralte Cognacs. Sogar aus der Zeit vor der Reblaus schlummern im »Paradies«, dem alten unvergleichlichen Keller, noch Cognacs – in Korbflaschen verschlossen. Das Haus A. E. Dor, das seit 1981 der Familie Rivière gehört, ist der einzige Cognac-Produzent, dem es amtlich erlaubt ist, die alten Cognacs unter der gesetzlich geforderten Mindestalkoholstärke von 40 Volumenprozent zu verkaufen (bei langer Lagerung im Faß verliert der Cognac Jahr für Jahr an Alkohol – bis er schließlich unter die Grenze von 40 Volumenprozent zu sinken droht). Natürlich bieten die Rivières auch jüngere Cognacs an, zumal die alten Bestände nicht unerschöpflich sind. Doch stehen diese Erzeugnisse konsequent in der traditionellen Linie: sie sind alle gut gealtert.

Aus der verwirrenden Vielfalt der einzelnen Abfüllungen seien die folgenden genannt: *Hors d'Age Nr. 9* (ein Grande-champagne-Cognac aus dem vorigen Jahrhundert; 50 Jahre im Faß, dann in der Glasballonflasche

In vielfacher Gestalt hat Cognac die Jahrzehnte wie ein wertvoller Schatz überdauert.

In ebenerdigen Hallen, in den »chais«, reift das junge, noch rauhe Destillat in Eichenfässern zum bernsteinfarbigen Cognac heran. Mindestens zwei Jahre muß er gelagert worden sein, bis er – in seiner einfachen Qualität – amtlich zum Verkauf freigegeben wird. Meist aber reift er erheblich länger: sechs, acht, zwölf, zwanzig oder gar vierzig Jahre. Jährlich verdunsten dabei 4 Prozent des Alkohols. Dieser Verlust – er wird poetisch der Anteil der Engel genannt – entspricht einer Menge von 20 Millionen Flaschen.

aufbewahrt), die Grande-champagne-Cognacs *Hors d'Age Nr. 6, 7* und *8* (lange Faßlagerung, 30 bis 45 Jahre), *Fine Champagne XO, Napoléon* (die Weine stammen aus den Lagen fines bois, borderies und champagne), *Vieille Fine Champagne XO, Rare Fine Champagne* und *Sélection* (ein kräftiger Cognac aus der Lage fins bois). Dazu kommt noch eine Selektion einiger Raritäten, die das Haus A. E. Dor besonderen Kunden vorbehält: Jahrgangs-Cognacs aus Weinen der grande champagne von 1805, 1811, 1834, 1840, 1858, 1875, 1889 und 1893 (diese Cognacs haben zum Teil nur noch eine Alkoholstärke von 30 Volumenprozent). In Deutschland liefern Cognacs von A. E. Dor unter anderem die Unternehmen Boda-Weinhaus in Sprockhövel, Champa Vins Français in Stolberg und Consulat du Cognac in Rosenheim. Das Wein- und Delikatessenhaus Grashoff in Bremen führt einen A. E. Dor-petite-champagne-Cognac, der als Sonder-Cuvée nur an dieses Haus geliefert wird.

Gaston de Lagrange

Das Cognac-Haus *Gaston de Lagrange* ist erst vor ungefähr 30 Jahren gegründet worden, und zwar von der italienischen Gesellschaft Martini & Rossi. Ein Mann namens Gaston de Lagrange ist in Cognac nicht bekannt. Heute werden fast 2 Millionen Flaschen im Jahr hergestellt. Zu Gaston de Lagrange gehören 65 Hektar eigene Weinberge in den Lagen borderies und fins bois. 70 Prozent der Produktion werden exportiert, vor allem nach Kanada, Großbritannien, Belgien, Holland und Italien. Durch die Übernahme der Firma Barriasson (gegründet 1850) sind die Bestände mit alten Cognacs erheblich aufgestockt worden.

In Deutschland (Importeur: Martini & Rossi AG in Bad Kreuznach) wird Cognac Gaston de Lagrange derzeit zu 80 Prozent als *V.S.O.P. Fine Champagne* verkauft. Angeboten werden auf dem deutschen Markt die folgenden Qualitäten: ☆ ☆ ☆ (3 Jahre Faßlager), *V.S.O.P. Fine Champagne* (zur Zeit mindestens 8 bis 12 Jahre im Faß gealtert), *Napoléon* (8 bis 15 Faßjahre; Weine aus der petite champagne und den fins bois) und *XO* (Destillate mit mindestens 45 Jahren Faßreife; ausschließlich Weine aus der grande champagne).

Delamain

Vor rund 225 Jahren hat der Ire James Delamain zusammen mit seinem Schwiegervater Ranson das Cognac-Haus Ranson & Delamain gegründet. Delamain war von Anfang an von der Idee besessen, den besten Cognac zu machen. Wenn auch Superlative stets eine gefährliche Sache sind: *Delamain* gehört in der Tat seit vielen Jahrzehnten zu den Besten des Cognac-Adels.

Das Unternehmen, noch immer im Familienbesitz, hat seinen handwerklichen Charakter bewahrt. Nur etwa 500 000 Flaschen werden jährlich produziert, wovon 75 Prozent den Weg ins Ausland nehmen. Delamain hat keine eigenen Weinberge; das Unternehmen kauft vorwiegend die Destillate von Brennern und Winzern aus der grande champagne, und zwar nur Cognacs, die mindestens schon 15 Jahre alt sind. Keiner dieser Cognacs – das ist die Delamain-Bedingung – darf in frischen Eichenfässern gelagert worden sein. Alle Cognacs aus dem Hause Delamain sind Pale & Dry (England ist der Hauptmarkt). Und so lautet auch die Hauptmarke, die vier Fünftel des Umsatzes erreicht. Alle Cognacs von Delamain sind ausgesprochen fein und elegant. In Deutschland wird dieser Cognac von der D. V. Schlumberger KG in Meckenheim vertrieben.

Auf dem Markt sind: *Pale & Dry* (grande champagne, 25 Faßjahre), *Vesper* (grande champagne, durchschnittlich 35 Jahre im Faß), *Très Vénérable* (grande champagne, durchschnittlich 55 Faßjahre) und *Réserve de la Famille* (eine grande champagne aus den 20er Jahren).

Hine

Fast 200 Jahre leuchtet ein Name über Jarnac, der mit der hohen Cognac-Kultur gleichgesetzt wird: Thomas Hine. Der Namensgeber stammt aus Dorset in England. Thomas Hine (1775–1822) wollte in Jarnac seine Französischkenntnisse aufbessern, geriet aber in den Strudel der Französischen Revolution. Nachdem nämlich England – nach der Hinrichtung König Ludwigs XVI. – die diplomatischen Beziehungen zu Frankreich abgebrochen hatte, erklärten die Franzosen alle Engländer im Lande zu »Staatsgefangenen«. Thomas Hine wurde im Schloß von Jarnac gefangengehalten. Dieser Zwangsaufenthalt ließ die Liebe zu Frankreich aber nicht erkalten: Er blieb in Jarnac, heiratete die vermögende Françoise-Elisabeth Delamain, Tochter des gleichnamigen Cognac-Herstellers, übernahm ein Cognac-Haus aus der Familie Ranson-Delamain (das schon auf das Jahr 1725 zurückging) und machte den Namen *Hine* zu einem der berühmtesten Cognac-Namen überhaupt. Heute gehört das Cognac-Haus zwar nicht mehr der Familie (es ist seit 1971 in britischem Besitz; seit 1986 im Guinness-Konzern eingebunden), doch die Geschäftsführer und Verantwortlichen für die Qualität sind Nachfahren von Thomas Hine: Jacques und Bernhard Hine.

Eigene Weinberge und Destillieranlagen besitzt das Unternehmen nicht; junge und alte Cognacs werden gekauft – aus den Regionen grande champagne, petite champagne und fins bois. 97 Prozent der Produktion werden exportiert.

Hine bietet unter anderem folgende Qualitäten an: ☆ ☆ ☆, *V.S.O.P. Fine Champagne, Antique Fine Champagne* (mindestens 20 bis 25 Faßjahre), *Triomphe* (ausschließlich Grande-champagne-Cognacs; mindestens 40 Jahre im Faß gelagert) und *Family Reserve* (grande champagne aus alten Reserven der Familie Hine). In Deutschland wird Cognac Hine von der Veuve Clicquot Import GmbH, Wiesbaden, vertrieben.

Courvoisier

Im Zeichen Napoleons steht das Cognac-Haus *Courvoisier*, das im 19. Jahrhundert gegründet worden und Mitte des 20. Jahrhunderts zum viertgrößten Anbieter aufgestiegen ist. Das Napoleon-Symbol geht auf Geschäftsbeziehungen zurück, die der Gründer Emmanuel Courvoisier zum Hof Kaiser Napoleons I. geknüpft hatte. 1964 ist das Cognac-Haus in Jarnac von der kanadischen Gesellschaft Hiram Walker aufgekauft worden, die ihrerseits wieder 1986 von der britischen Allied-Lyons-Gruppe übernommen worden ist.

Eigene Weinberge besitzt das Unternehmen nicht, betreibt aber eine ganze Reihe von eigenen Destillerien. Cognac Courvoisier wird in 160 Länder exportiert, die Exportquote erreicht 92 Prozent.

Zu den verschiedenen Qualitäten zählen unter anderem: ☆ ☆ ☆ (fast zwei Drittel der gesamten Menge), *V.S.O.P. Fine Champagne* (etwa 7 bis 8 Faßjahre), *Napoléon Fine Champagne* (mindestens 15 bis 20 Jahre im Faß), *XO* (ungefähr 20 Faßjahre), *Cour Impériale Grand Cru* (grande champagne) und *Château Limoges Fine Champagne*. Auf dem deutschen Markt wird Courvoisier von der Seagram Deutschland GmbH, Hochheim, vertrieben.

Martell

Martell gilt als das älteste der großen Cognac-Unternehmen. Schon 1715 wurde das Haus Martell gegründet – von Jean Martell, der von der Insel Jersey, dem damals wichtigsten Platz für den Brandy-Schmuggel, kam. Schon in der Revolutionszeit wuchs Martell in die Gruppe der größten Anbieter hinein, in der das Unternehmen nach wie vor seinen Platz behauptet. Mit gegenwärtig etwa 24 Millionen Flaschen im Jahr ist Martell die Nummer 2 hinter Hennessy. Martell ist bis 1988 ein Familienunternehmen (seit 1972 in der Form einer Aktiengesellschaft) geblieben. Dann ist das Unternehmen von dem kanadisch-amerikanischen Getränkekonzern

Seagram gekauft worden, der sich mit dem britischen Grand-Metropolitan-Konzern einen heftigen Übernahmekampf an der Börse geliefert hatte.

Das Cognac-Haus verfügt über ungefähr 250 Hektar eigene Weinberge in der champagne und der Region borderies (bei über 2500 Produzenten und Winzern wird der größte Teil der Produktion zusammengekauft) sowie über mehrere eigene große Brennereien. Die Cognac-Bestände des Hauses Martell gehören mit zu den größten in der Charente. 95 Prozent der Produktion werden exportiert.

Den größten Teil des Angebotes bestreitet die Drei-Sterne-Qualität (☆ ☆ ☆), die es auf fast zwei Drittel des Absatzes bringt. Dazu kommen *V.S.O.P. Médaillon* (mindestens 10 bis 12 Faßjahre; grande champagne, borderies und fins bois), *Cordon Rubis* (ungefähr 20 Jahre im Faß), *Cordon Bleu* (25 bis 30 Jahre im Faß; grande champagne, petite champagne und borderies), *Cordon Argent Extra* (ungefähr 50 Faßjahre; grande champagne, petite champagne und borderies). In Deutschland wird Martell von der Seagram Deutschland GmbH, Hochheim, vertreten und verkauft.

Hennessy

Das 1765 von dem Iren Richard Hennessy gegründete Unternehmen ist heute die Nummer 1 auf dem internationalen Cognac-Markt. Derzeit werden in aller Welt rund 30 Millionen Flaschen *Hennessy* verkauft. Das Unternehmen, das sich 1971 mit der Champagner-Gruppe Moët & Chandon zusammengeschlossen hatte (der neue Moët-Hennessy-Konzern hat sich dann 1987 wiederum mit Louis Vuitton zum Luxus-Konzern LV.MH vereinigt), bezeichnet sich als das Unternehmen mit den größten Cognac-Beständen. Die Lagervorräte entsprächen umgerechnet rund 100 Millionen Flaschen.

Das Unternehmen besitzt 250 Hektar eigene Weinberge (bei ungefähr 2000 Winzern wird der größere Rest zusammengekauft) und einige große Destillerien. Ungefähr 95 Prozent der Produktion werden exportiert. Zu den Hauptmärkten zählen die Vereinigten Staaten (hier wird allein ein Drittel der Produktion verkauft), Japan, Großbritannien, die Bundesrepublik Deutschland und Hongkong.

Die von der Menge her wichtigste Qualität ist der Drei-Sterne-Cognac, (☆ ☆ ☆), der es auf ungefähr 70 Prozent bringt. Dazu kommen noch *V.S.O.P. Fine Champagne* (ungefähr 12 Faßjahre), *Bras d'Or Napoléon* (20 bis 25 Jahre), *XO* (ungefähr 50 Faßjahre) und der weithin bekannte *Paradis* (mehr als 50 Jahre alt). In Deutschland wird Hennessy von der Moët-Hennessy-Tochtergesellschaft Chandon Handelsgesellschaft mbH, München, vertrieben.

Prince Hubert de Polignac

Kurz nach dem Zweiten Weltkrieg erwarb die Cognac-Genossenschaft Unicognac mit Sitz in Jonzac von der alten französischen Adelsfamilie de Polignac den Markennamen *Prince Hubert de Polignac*. Seit dieser Zeit hat sich die Genossenschaft gut entwickelt; die Marke »Prince Hubert de Polignac« ist die Hauptmarke der Genossenschaft. Jährlich werden von diesem Cognac rund 4 Millionen Flaschen verkauft, davon etwa 2 Millionen im Ausland (in 85 Ländern). Die Genossenschaft selbst ist 1931 gegründet worden. Sie ist die einzige große Genossenschaft in der Charente, die sich auf Dauer im Markt behauptet hat.

Heute gehören ihr ungefähr 3500 Winzer an mit einer Rebfläche von insgesamt 5200 Hektar. Die Hälfte der Winzer sitzt in der Region fins bois, ein weiteres Drittel in bons bois. Der verbleibende Rest verteilt sich auf die Lagen grande champagne, petite champagne und borderies. In den mehr als 100 Destillieranlagen werden jährlich über 6 Millionen Flaschen gebrannt.

In Deutschland wird die Marke »Prince Hubert de Polignac« seit 1979 von dem Spirituosen- und Fruchtsaftunternehmen Eckes, Nieder-Olm, vertrieben. Auf dem Markt sind die folgenden Qualitäten: *V.V.* (rund 4 Jahre im Faß gealtert), *V.S.O.P. Fine Champagne* (mehr als 50 Prozent – wie vorgeschrieben – grande champagne; 7 Jahre im Faß) und *Dynastie Grande Champagne* (mindestens 40 Jahre im Faß gealtert).

Camus

Von den kleinen Cognac-Häusern ist *Camus* das größte. Es steht mit einer jährlichen Produktion zwischen 4 und 6 Millionen Flaschen auf dem fünften Rang. 1863 ist das Unternehmen gegründet worden – zunächst von einem Winzerkonsortium unter der Führung von Jean-Baptiste Camus. In den ersten Jahrzehnten des Bestehens konnte sich das Cognac-Haus einen festen Markt in Rußland erobern, der nach der Oktoberrevolution 1917 dann aber zusammenbrach. 1934 übernahm der Enkel des Firmengründers das Unternehmen, das bis heute ein Familienunternehmen geblieben ist.

100 Hektar Weinberge gehören den Familienmitgliedern sowie vier Brennereien. Rund 85 Prozent der Produktion werden exportiert, vor allem in die Vereinigten Staaten, Hongkong, Japan und Großbritannien. Zudem hat Camus eine dominierende Stellung im Duty-Free-Geschäft in Südostasien. Camus nennt sich weltweit die Nummer 1 in der Kategorie Napoléon.

In Deutschland wird Camus von Hermann G. Dethleffsen, Flensburg, vertrieben. Zu den wichtigsten Marken zählen unter anderem *Célébration* (Drei-Sterne-Qualität), *V.S.O.P.*, *Napoléon* (diese Qualität ist die Hauptmarke des Hauses; sie bringt es auf rund 40 Prozent am Gesamtabsatz), *XO* und *Camus Extra* (zum Teil über 50 Jahre alt).

Louis Royer

Das ehemalige Familienunternehmen *Louis Royer*, das Mitte des vergangenen Jahrhunderts gegründet worden ist, gehört seit 1986 dem japanischen Getränkekonzern Suntory. Der Übernahme war ein Familienstreit vorausgegangen. Louis Royer war früher ein Spezialist für Faßware; erst seit einigen Jahren werden eigene Blends und damit der Flaschenabsatz forciert.

Das Cognac-Haus besitzt keine eigenen Weinberge; der Bedarf wird bei 250 Winzern aufgekauft. Die Produktion erreicht im Durchschnitt 3 bis 4 Millionen Flaschen jährlich, wovon 85 Prozent exportiert werden: vor allem nach Skandinavien, Kanada, Korea und die Beneluxstaaten.

In Deutschland, wo der Absatz stärker ausgebaut werden soll, wird die Marke »Louis Royer« von Dorco Markenimport, Hamburg, vertreten. Auf dem Markt sind unter anderem: ☆ ☆ ☆, *V.S.O.P. Fine Champagne, Napoléon*. Verhältnismäßig neu ist eine *XO*-Qualität, die in einer besonderen eckigen Formflasche (»Parfum-Flasche«) angeboten wird. Dieser XO ist weitgehend für den europäischen Fachhandel, das Duty-Free-Geschäft und für den Fernen Osten bestimmt.

Ragnaud-Sabourin

Dieses kleine Haus (Jahresproduktion von etwa 60 000 Flaschen) hat einen ausgezeichneten Ruf unter Cognac-Kennern. Das Unternehmen *Ragnaud-Sabourin* (eigentlich sind es drei formell voneinander getrennte Häuser, die aber gemeinsam von der Familie geführt werden) ist vor ungefähr 40 Jahren von Gaston Briand, dem damaligen Vorsitzenden des Winzerverbandes, gegründet worden. Das Cognac-Haus hat 50 Hektar Weinberge in der grande champagne; es werden keine Weine und keine Destillate hinzugekauft. Zwei Drittel der Produktion werden exportiert.

In Deutschland vertreibt Ragnaud-Sabourin-Cognacs unter anderem das Unternehmen Wein Wolf in Bonn. Folgende Qualitäten stehen derzeit auf der Wein-Wolf-Liste: *Grande Champagne* (41 Volumenprozent Alkohol), *Grande Champagne V.S.O.P.* (41 Volumenprozent), *Grande Champagne Réserve Spéciale* (43 Volumenprozent), *Grande Champagne Fónt-*

vieille Marcel Ragnaud, *Grande Champagne Héritage Madame Ragnaud* (41 Volumenprozent) und *Grande Champagne Gaston Briand le Paradis* (41 Volumenprozent).

Monnet

Das Unternehmen *Monnet* ist ursprünglich eine Art Genossenschaft gewesen (gegründet 1838), die den starken Handelshäusern auf den Märkten standhalten wollte. Ende des 19. Jahrhunderts hat dann der Vater des bekannten französischen Staatsmanns (des »Europäers«) Jean Monnet das Unternehmen übernommen. Der Cognac Monnet, vor allem die älteren Qualitäten, wurden in Frankreich gerühmt. In den 60er Jahren dieses Jahrhunderts erwarb die deutsche Weinbrennerei Scharlachberg in Bingen die Aktienmehrheit und machte Monnet vor allem im V.S.O.P.-Bereich auf dem deutschen Markt stark. Nach der Übernahme der Weinbrennerei Scharlachberg durch die Seagram Deutschland GmbH in Hochheim (1988) sind alle Monnet-Anteile an Asbach & Co. in Rüdesheim übergegangen (Asbach ist zuvor schon über Scharlachberg indirekt an Monnet beteiligt gewesen).

Die Asbach-Tochtergesellschaft J. B. Sturm Markenimport in Rüdesheim vertreibt diesen »deutschen« Cognac, der es insgesamt auf rund eine Million Flaschen bringen dürfte. Das Monnet-Programm ist 1989 neugestaltet und aufgewertet worden; die Drei-Sterne-Qualität wird nicht mehr angeboten. Angeboten werden jetzt – in neuer Ausstattung – *V.S.O.P.*, *R.I. Réserve Limitée* (hauptsächlich petite und grande champagne; über 10 Jahre alt) und *XO* (und *Extra Belle Réserve*).

Salignac

Antoine de Salignac hat 1809 dieses Unternehmen als Genossenschaft gegründet. Später ging Salignac dann aber eigene Wege und begann Cognac in Flaschen abzufüllen; er gab den Vertrieb in Fässern auf. Das Cognac-Haus *Salignac*, das mit einem jährlichen Absatz von rund 2,5 Millionen Flaschen auf dem zehnten Platz der Cognac-Hitliste stehen dürfte, ist 1987 von der britischen Allied-Lyons-Gruppe (zu der auch Courvoisier gehört) übernommen worden. 70 Prozent der Produktion werden exportiert, wobei die Marke unter anderem in den Vereinigten Staaten und Südostasien eine gute Marktstellung genießt.

In Deutschland wird Cognac Salignac von der Uni Handelsgesellschaft in Saarbrücken (Herzberger-Gruppe) vertrieben, die auch den Cognac *Menard* (nur grande champagne) im Programm führt. Zu den Salignac-

Marken, die in Deutschland angeboten werden, zählen: *V.S., V.S.O.P., Napoléon* und *XO*.

Frapin

Das traditionsreiche Cognac-Haus *Frapin*, das der Mitbesitzerin von Rémy Martin und Frau des Likörproduzenten Max Cointreau gehört, liegt im Herzen der grande champagne, in Segonzac. Das Haus macht seinem Firmensitz alle Ehre: Aus eigenen Weinen (die Domaine Frapin besitzt 200 Hektar Weinberge) und zugekauften werden Cognacs von zum Teil beachtlicher Qualität erzeugt.

Das Unternehmen hat die Erlaubnis erhalten, zwei Cognacs mit einer speziellen Herkunftsbezeichnung zu versehen: *Château de Fontpinot* und *Domaine Frapin*. Der Wein, der zu diesen Cognac-Qualitäten verarbeitet wird, muß aus eigenem Wachstum stammen. Die Cognacs aus diesem Hause werden verhältnismäßig lang in frischen Holzfässern gelagert. Ihre intensive Frucht hält dem Tannin allerdings stand. Rund 98 Prozent der Produktion werden exportiert (zum Teil als Handelsmarken für Luxus-Häuser).

In Deutschland wird Cognac Frapin unter anderem von Eggers & Franke in Bremen vertrieben. Zu den wichtigsten Marken zählen: *Château de Fontpinot* (grande champagne), *Domaine Frapin* (grande champagne), *Trésor Royal* (grande champagne; im Durchschnitt 50 Jahre im Holzfaß), *XO* (grande champagne), *VIP XO, Napoléon, V.S.O.P.* und ☆ ☆ ☆.

Léopold Gourmel

Pierre Voisin, der Besitzer des kleinen Cognac-Hauses Léopold Gourmel, ist ein penibler, fürsorglicher Handwerker. Das Ergebnis sind Cognacs von ungewöhnlich feinem Duft, von unglaublicher Finesse, von bestechender Fruchtigkeit. Zunächst hat Voisin das Cognac-Machen als Liebhaberei betrieben, bis er von Freunden und seiner Frau dazu ermuntert worden ist, in das Cognac-Geschäft voll einzusteigen.

Eigene Weinberge besitzt das Cognac-Haus nicht; Voisin wird von Winzern beliefert – allerdings von nur zwei bis drei Produzenten. Da Voisin eine besondere Vorliebe für die leichte Art der Fins-bois-Brände hat, stützt sich seine Produktion vorwiegend auf die Destillate aus dieser Zone. Jede Cuvée entspricht einem bestimmten Jahrgang; die Jahrgänge werden nicht miteinander vermischt – wenn auch Jahrgangs-Cognacs nicht mehr als solche verkauft werden dürfen. Am Prinzip der Herstellung ändert das aber nichts. Der Cognac wird weder filtriert noch einer Kältebehandlung unterzogen. Voisin achtet auch darauf, daß die Destillate auf niedrige Konzentration (69 Grad) gebrannt werden und daß der junge Cognac nur für kurze Zeit in neuen Eichenfässern gealtert wird. Mit größter Sorgfalt wird der Cognac am Ende auf Trinkstärke gebracht; der Prozeß dauert mehrere Jahre. Zuckercouleur (zur Farbgebung), Zuckerlösung (zum Süßen) und Eichenholzspanlösung (zum »Altern«) benutzt Voisin nicht; die Cognacs aus dem Hause Léopold Gourmel sind daher auch relativ hell.

Zu den Marken des Hauses zählen *Age des Fruits* (42 Volumenprozent Alkohol), *Age des Fleurs* (41 Prozent Alkohol; mindestens 10 Jahre im Faß), *Age des Epices* (13 Jahre; 43 Grad Alkohol) und *Quintessence* (etwa 20 Jahre; 43 Volumenprozent Alkohol). In der Bundesrepublik führen Gourmel-Cognacs unter anderem Fegers & Unterberg in Köln sowie Kössler & Ulbricht in Nürnberg.

Ungefähr 200 Marken- und Cognac-Handelshäuser sind auf dem Markt vertreten. Aber nur 30 Anbieter sind von größerer Bedeutung; auf sie entfallen 85 Prozent Marktanteil. Im Hinblick auf die Qualität allerdings sind die kleinen Cognac-Häuser oft von erheblichem Gewicht. Die Vielzahl der Marken, die auf dem Markt präsent sind, garantieren die individuelle Befriedigung aller Wünsche.

Glossar

Anteil der Engel: Während der Lagerung des Cognacs in den Eichenfässern verdunsten in der Cognac-Region jährlich ungefähr 4 Prozent des Alkohols (rund 20 Millionen Flaschen). Diesen Tribut an die Qualität nennen die Cognac-Hersteller »la part des anges«, Anteil der Engel.

Alambic charentais: Der einzig zulässige Brennapparat für das Destillieren des Cognac-Weins. In dieser zwiebelförmigen, mehrteiligen Brennblase wird der Wein zweimal gebrannt. Das Produkt ist ein Weindestillat von 67 bis 72 Volumenprozent Alkohol – die erste Stufe zum Cognac.

Blend: → Coupe.

Bois à terroir: → Bois communs.

Bois communs: Anbauzone (Cru) in der Charente. Hier wachsen jene Weine, die von den Cognac-Herstellern am niedrigsten bewertet werden. Die Weine (und die jungen Destillate) haben im Duft und im Geschmack wenig typische Merkmale. (Auch bois ordinaires oder bois à terroir).

Bois ordinaires: → Bois communs.

Bonne chauffe: Jeder Wein, der zu Cognac gebrannt werden soll, muß zweimal destilliert werden. Der zweite Brennvorgang heißt bonne chauffe.

Bons bois: Eines der sechs Weinanbaugebiete (Crus) für Cognac. Das Gebiet liefert einfache, weniger hochwertige Weine.

Borderies: Anbaugebiet (Cru) für Cognac. Die Destillate aus dieser Region sind besonders geruchsintensiv. Sie werden hoch bewertet.

Brouillis: → Rauhbrand.

Bureau National Interprofessionnel du Cognac (BNIC): Die (halbstaatliche) berufsständische Gemeinschaft der Cognac-Wirtschaft, die einerseits die Interessen der Winzer, Brenner und Cognac-Häuser vertritt, die andererseits aber auch über die Qualität und die Einhaltung der gesetzlichen und sonstigen Vorschriften wacht.

Chais: Die ebenerdigen Lagerhallen, in denen die Cognacs (in Fässern) reifen.

Charente: Der Fluß, der durch das Cognac-Gebiet fließt. Charente gilt zugleich als Begriff für die Cognac-Region. Auch die beiden großen Cognac-Departements sind hiernach benannt: Charente und Charente Maritime.

Cœur: Jeder Cognac-Wein wird zweimal gebrannt. Vom zweiten Brannt wird das Mittelstück, das Herzstück/cœur (und nur das Herzstück), aufgefangen und zu Cognac weiterverarbeitet. Der Teil vor dem Herzstück – der Vorlauf (tête) und der Nachlauf (queue) – dürfen nicht direkt verwendet werden, können aber noch ein weiteres Mal destilliert werden.

Cognac: Die Hauptstadt des Cognac-Gebietes. Die Geschichte der Stadt reicht bis ins 3. Jahrhundert v. Chr. zurück. Sie hat dem berühmten gebrannten Wein aus dieser Gegend den Namen gegeben.

Colombard: Eine der zugelassenen Rebsorten (weiß) für die Cognac-Herstellung. Die Sorte hat heute nur noch wenig Bedeutung.

Coupe: (Cognac-)Mischung, Verschnitt, Blend. Der fertige (Marken-)Cognac besteht immer aus einem Verschnitt mehrerer Cognacs, die in der Regel unterschiedlich alt sind und zumeist aus verschiedenen Anbauzonen stammen.

Compte/Konto: Über die Lagerung des Cognacs in den Eichenfässern führt das Bureau National Interprofessionnel du Cognac genau Buch. Die offizielle Zählung der Jahre beginnt jeweils am 31. März. Jedes abgeschlossene Jahr entspricht dann einem Konto. Erfaßt werden die Cognacs vom Konto 00 (wenige Wochen alt) bis zum Konto 6 (mehr als 6 Jahre alt).

Drei Sterne: Eine Altersbezeichnung für Cognac, und zwar die jüngste. In einer Drei-Sterne-Marke muß der jüngste verwendete Cognac mindestens 2 Jahre zur Reife im Faß gelegen haben.

Fine champagne: Ein Cognac, dessen Weine nur aus den Zonen grande champagne und petite champagne kommen dürfen, wobei mindestens die Hälfte aus der grande champagne stammen muß.

Fins bois: Cognac-Anbauzone (Cru) in der Charente. Die Weine aus dieser Region liefern blumige, verhältnismäßig schnell reifende Cognacs. Sie werden häufig für Cognacs verwendet, die relativ früh trinkbar sein sollen.

Folle blanche: Eine der zugelassenen Rebsorten (weiß), die aber nur noch von untergeordneter Bedeutung ist.

Grande fine champagne: → Grande champagne.
Grande champagne: Zunächst der Name für ein Anbaugebiet (Cru). Die grande champagne gilt als die beste Weinbauzone in der Cognac-Region. Aber auch der Name für einen speziellen Cognac – für das Produkt nämlich, dessen Wein ausschließlich aus der grande champagne stammt (auch grande fine champagne genannt).
Jahrgangs-Cognac: Ein Produkt, das ausschließlich aus Weinen des genannten Jahrgangs hergestellt worden ist. Cognacs mit Jahrgangsangabe (Vintage Cognacs) dürfen in Frankreich nicht mehr auf den Markt gebracht werden – wohl aber noch in England.
Karamel: Geschmacksneutraler Zusatzstoff, der dem Cognac zusätzliche Farbe geben soll.
Limousin: Region östlich der Charente. Heimat der bekannten Limousin-Eiche, die allein neben der Eiche aus den Wäldern von Tronçais für die Herstellung der Cognac-Fässer verwendet werden darf.
Lignin: Bestandteil des Eichenholzes. Lignin gibt Aromen (Vanille, Zimt) an den Cognac während der Lagerung im Faß ab.
Nachlauf: → Cœur.
Napoléon: Altersbezeichnung. Diese Cognacs müssen mindestens 6 Jahre im Faß gelagert worden sein.
Le Paradis: Der Ort in der Lagerhalle (chai), wo die ältesten Cognac-Bestände aufbewahrt werden. Hier lagern Cognacs, die 50, 60, 70 und mehr Jahre alt sind. Der Begriff Paradis wird von einigen Häusern auch als Marke für die Spitzenqualitäten genutzt, wobei der »Paradis« von Hennessy der wohl international bekannteste ist.
Petite champagne: Anbauzone (Cru), die im allgemeinen als die zweitbeste Weinregion im Cognac-Gebiet bezeichnet wird.
Petite fine champagne: Ein Cognac, der ausschließlich aus Weinen des Anbaugebietes petite champagne hergestellt worden ist. Dieses Bezeichnung ist erst 1978 zugelassen worden.
Rauhbrand: Der Wein für den Cognac wird zweimal gebrannt. Der erste Brannt heißt Rauhbrand (brouillis). → Bonne chauffe.
Tannin: Gerbsäure, Gerbstoff. Bestandteil des Eichenholzes. Tannine wirken anfangs bitter, mildern sich dann aber im Verlauf der Lagerung. Sie geben dem Cognac die Farbe.
Ugni blanc: Eine der zugelassenen Rebsorten (weiß) für die Cognac-Herstellung. Diese Sorte, auch St. Emilion des Charentes genannt, ist heute die wichtigste Sorte für die Cognac-Produktion.
V.A.: Altersangabe. Cognacs dieser Gruppe müssen mindestens zwei Jahre im Faß gereift worden sein. → Drei Sterne.
V.S.O.P.: Altersangabe. Mindestens vier Jahre Eichenfaßlagerung.

Die ECON Gourmet Bibliothek

Ob über die besten Käsesorten, den feinsten Sekt, die exklusivsten Arten, Hummer zu essen – die ECON Gourmet Bibliothek informiert Sie über die edelsten Produkte aus dem Bereich Essen & Trinken. »Mehr Lebensfreude durch kulinarischen Genuß«, ist das Motto des Herausgebers Hans-Peter Wodarz. Und so richtig genießen kann eben nur der Wissende. In kompakter Form erhalten Sie wichtige Informationen über Kulturgeschichte, Herkunftsländer und Qualitäten. Tips, Adressen, Bewertungsskalen und praktische Empfehlungen helfen allen Genießern und Gourmets weiter.

Jeder Band der ECON Gourmet Bibliothek umfaßt ca. 112 Seiten und ist so sorgfältig ausgestattet wie das Buch, das Sie im Moment in den Händen halten: Ein fester Pappband, farbiges Vorsatzpapier, Kaptalbändchen und viele Farbtafeln machen die ECON Gourmet Bibliothek auch für Bücherfreunde zu einem optischen Genuß. Auf den folgenden Seiten sehen Sie, wie viele Bücher zu Gourmetthemen bereits erschienen sind.

ECON Taschenbuch Verlag
Postfach 30 03 21 · 4000 Düsseldorf 30

Peter C. Hubschmid
Beaujolais, Primeur & Co.

Jürgen Lautwein
Espresso, Mokka, Capuccino & Co.

Karl Rudolf
Grappa, Marc & Co.

Karl Rudolf
Portwein

Heide Hartner
Olivenöl & Oliven

Peter Lempert
Austern

Veronika Müller
Hummer, Krabben, Shrimps & Co.

Ingeborg Kunze-Glupp
Trüffel

Peter Hilgard
Sherry

Friedrich Eberle/Christa Klauke
Chianti

Karl Rudolf
Calvados

Jo Volks
Armagnac

Petra Klein
Essig: Aceto Balsamico & Co.

Rudolf Knoll
Sekt

Ingo H. G. Taubert
Lachs

Jürgen Löbel
Parmaschinken & Co.

Heide Hartner
Roquefort, Stilton & Co.

August F. Winkler
**Mouton-Rothschild, Latour,
Lafite-Rothschild & Co.**

Ingo H. G. Taubert
Kaviar

Jürgel Löbel
Mailänder Salami & Co.

Heide Hartner
Lamm

Peter Hilgard
Rioja-Weine

Rudolf Knoll
Mosel-Saar-Ruwer

Karl Rudolf
Malt, Scotch, Bourbon & Co.

Klaus Englert
Spargel

Friedrich Eberle/Christa Klauke
Barolo & Barbaresco

Horst Dohm
Cognac